月曜日の復活

「説教」終えて日が暮れて

塩谷直也

日本キリスト教団出版局

日暮れて　やみはせまり、
わがゆくて　なお遠し。
助けなき身の頼る
主よ、ともに宿りませ。
　　　　──『讃美歌21』218番

はじめに　舞台裏の風景

五時起蘇、日曜学校、今日モ失敗セリ、
予ガ話ハ子供ノ心ニ入ラザリシガ如シ、
予ハ話ガ下手ナリ[1]

　　　　　——1900［明治33］年6月3日
　　　　　柏木義円（1860～1938、当時40歳）の日記

　この本は聖書のお話や礼拝説教をする人々、いわゆる「キリスト教伝道者」に向けて書きました。前編は主に各種出版物に公表されたもので、講演会場で向き合って語る「スーツを着た私の言葉」です。聖書物語、キリスト教の教義、教会の伝統や慣習をひと通り身に着けた方々を対象に、牧師・聖書科教員・教会学校スタッフ向けの研修会・講演などで語ってきた内容をまとめています。一方後編はほぼ書き下ろし、カウンターに腰掛け「飲み食いしながらの言葉」。読み比べると矛盾もあるでしょうが、それも私です。どちらから読ん

1　『柏木義円日記』飯沼二郎、片野真佐子編、行路社、1998年、20頁。

でいただいてもかまいません。

　1990年、八王子の片倉教会にて夏期伝道実習中、在籍する神学校の左近 淑 学長（1931〜90）から直筆のハガキが届きます。近況を問う文面に隠れるようにこうありました。

　「それはとにかく御言を的確に語ることは終生の苦労ですから──」[2]

　えー？　先生も苦労してる？　しかもそれが生涯続くって？　確かに考えてみれば私の祖父母は漁師でしたが、魚を扱うのが億劫な日がどれだけあったことでしょう。父は警官でしたが定年を迎えるまで「もう辞める」と何度漏らしていたことか。そうか、それにならって牧師なのに語るのがいつまでたっても苦しい、逃げ出したい、それって恥ずかしいことではないのだと知った最初です。「説教のない世界に今、旅立とう！」と思った伝道者は数知れず。それが伝道者の舞台裏。

　もしもあなたが「予ハ話ガ下手ナリ……」とつぶやいて日曜の夜をお過ごしであれば、整頓された机上ではなく、散らかったリビングで時おり手に取ってもらいたい。そしてできれば共に、新しくされた月曜の朝を迎えたい。そう願いながら、この本を書きました。

2　塩谷直也「ポケットの穴」『東京神学大学 PocketTimes 臨時号外』1990年9月8日。

4

目　次

※聖書は断りのない限り『聖書　聖書協会共同訳』（日本聖書協会、
　2018年）を使用します。また、実名を記さないエピソードは本
　人が特定されないよう若干の改変を加えています。

　　　　　　装　　　丁　　　ラカー亜耶
　　　　　　イラスト　　　塩谷直也

前　　編

本物なら必ず伝わる、のか？

——キャンパスでの伝道

　料理人は、食べる人の気持ちになって心を込めて調理します。同様に福音も、心を込めて提供しないとその真価が伝わりません。私たちが目指すのは、与えられた時と場所、相手を見極め、自らの役割もわきまえた伝道の「コック」です。難しくてもチャレンジする価値はあります。

素材を生かすも殺すも

　最高の素材が手に入ったとしても、それを生かす腕を料理人が持っていなければおいしい料理は生まれません。逆に冷蔵庫の残り物であっても、料理のうまい人なら腕を振るって逸品に仕上げます。それを食べる家族は「最高！」と驚きの声を上げ、作り手は「良かった！」とほほえみます。

　聖書の中に秘められた福音は、生きる上での必須栄養素を含む「命のパン」（ヨハネ6章35節）。本物です。ただ本物だからといって、手に入ったものを右から左に手渡すような料理方法でよいでしょうか。「偉い先生」の受け売り、もしくは尊敬する牧師の説教スタイルの物まねで責任は果たせるので

しょうか。

　若いころ、地域の牧師会に参加しました。一人の中堅牧師の説教を全員で聞きました。内容はまさに「福音」です。その素材に問題はありません。しかしあるベテラン牧師がこうコメントしたのです。「内容は良い。でもこれを聞いて、よし、明日からガンバロー！　という気にはなれないな……」

　一応何の素材が盛られているかは分かるが「おいしい料理」ではない、と言うのです。おいしい料理でなければ笑顔もおしゃべりも生まれません。明日への力もわいてきません。ましてわざわざお店（教会）にまた来ようなどとは思いません。

　私は牧師や教師と呼ばれるよりは「伝道者」と呼ばれることを「キリスト・イエスにあって誇りに思っています」（ローマ15章17節）。その「伝道者」としての私が、とりわけキャンパスで模索してきたことは、良い素材を吟味しつつ、何よりもどうやったら「おいしい料理」を学生や教職員の手元に届けられるかでした。

　本物の素材であるなら私の考えうる最高の料理方法で、相手の好みと年齢、その日の天候なども考慮に入れ、料理が最も映える食器を使い、順番を考えて提供したいのです。比較的時間のある学生にはゆったりと、時間がない職員には一言で、「食欲」のある人には自ら作らせ、ない人にはできるだけ食べやすいように刻んで。もちろん失敗の連続です。しかし「必ずこの素材を生かす、最高の料理にしてみせる」との執念（祈り）こそは、本物の素材、「命のパン」に対する礼

儀ではないでしょうか。

　では具体的に「命のパン」をどのように提供するか、私のレシピ、段取りの一部をここでご紹介します。

　①初めて舞台に立つごとく

　とりわけ授業で繰り返し語られる有名な聖書物語は、語れば語るほどその内容、スタイルがマンネリ化します。しかし聞く側にとっては常に初めてなのです。

　何十年もロングランを続けている舞台があります。関わる役者は毎日同じせりふを語ります。しかし観客は常に今日が初めて、今がすべて。そのことを肝に銘じ、役者は日々初演のごとく舞台に立ちます。伝道者にも同じことが必要でしょう。まるで今日、初めて聖書を読み始めたビギナー、教室デビューした新任教師のように語ります。初めて言葉を覚えた子どものように口を開きます。

　②力みすぎない

　全力を尽くしたいところですが、ほどよいところでやめるのがコツのようです。高価な素材を惜しげもなく使い、多彩な工夫を施した専門店のカレーが残念な結果になるかと思えば、近所のそば屋が余技で作ったカレーがおいしかったりする……。何気ない仕事、「余芸が至芸」ということだって起こるのです。

　横綱だった白鵬が言ってました。「全力を出してはいけない。全体が見えなくなるから」と。手抜きでいいと言ってい

るのではありません。7〜8割の力で勝負できるだけの実力を身につけるということです。またうまい歌手は全力で熱唱（陶酔）しません。声量の背後に伸びしろ、余裕を感じさせるところにこそ聞き手は安心を覚え、歌声に身をゆだねるのです。もちろん練習の段階で限界に挑み、また素材の引き出しを多くすることは必須。しかし本番、伝道の一線で学生と接する時は一歩引いて力を抜きます。

　中途半端で、不完全燃焼で結構。追いかければ若者は逃げるもの。力みすぎた料理はどうしてもコメントを求めがちになり、相手には重荷。あれもやれなかった、これもやれなかったと悔いが残る夜こそ、主が祝福してくださいます。何もかも計画通りに果たしたら神さまの働く場面がなくなりますよ。

　③持ち場を定める
　野球の守備で、サードのポジションなのにライトに転がった球まで取りに行く選手なんていません。けれど伝道の世界にはいます。ひたすら動き回り、あれもこれもと世話を焼きますが、さて役に立っているのかどうか……。本人は満足かもしれませんが、これでは第一にその人が疲れます。
　第二に、それはチームメイトを信頼していない行為です。どうしてライトを信頼できないのでしょう。仮にライトがエラーしたとしても、あなたのすべきことはライトのカバーに入ることではありません。そうではなくベンチに帰った時ライトを慰め励まし、あなたが打席で起死回生のヒットを打つ

ことです。

　第三に、これは自らの持ち場、使命が分かっていない行為です。とりわけキャンパス伝道はチームプレー。自分はサードのポジションなのだと悟れば、無駄な動きを減らすことができます。「ですから、私は、やみくもに走ったりしないし、空を打つような拳闘もしません」（Ⅰコリント9章26節）。

　神が示すあなたのポジションはどこですか。地域を見回してあなたの教会（学校）にしかできないことは何ですか。あれもこれも無理して隣の真似（もしくは前例踏襲）して疲れていませんか。多くの教会や学校が「スクラップ＆ビルド」ではなく「ビルド＆ビルド」を繰り返し疲弊しています。力は限られています。消耗し、燃え尽きませんように。

　④絶景ポイントで出しゃばらない

　山岳ガイドに絶景ポイントに案内されたとします。小鳥のさえずり、肌と鼻孔をなでる新鮮な空気、目に飛び込む360度のパノラマ……。静かに感動を味わっている最中、ガイドが「ここは標高○○メートル、古くは江戸時代に○○○○が道に迷って見つけた山道でありまして、高原植物の特徴は……」としゃべり始めました。うんざりしたあなたは注意します。「あのー、静かにしてくれませんかっ！」

　福音と正面から向き合う、最重要ポイントに立たされた若い魂に必要なものは、もう聖書解説ではありません。沈黙です。福音を伝えたら、相手の反応を無理に求めず、そっと離れます。青春は、いつだって沈黙の中でひとりぼっち、行き

つ戻りつしながら了解する季節なのです。

　⑤論理的に、短めに
　一文に含まれる単語を前後バラバラに入れ替えれば、もはやその文は意味を保てません。フルコースも最初にデザートが出てくれば客は混乱します。メッセージも同じ。論理的に語ります。この論理性を鍛える方法があります。ある場所への道案内を地図やスマホを使わずに「ことば」だけで説明してみてください。もしもその人が道に迷うようだったら言葉の選び方、順番に問題がありそうです。この点、決して軽んじないでください。あなたは天国への道案内をするのです。何度も練習を。

　説教は人生と似ています。長ければ尊い、というものではありません。良い説教は、短ければ深く印象に残ります。悪い説教が短ければ、とても喜ばれます（被害を最小限に抑えられます）。
　バスケットボールの面白さは時間制限と深い関わりがあります。10分間で一区切り、24秒以内にシュートを打つなど時間に厳しい数々のルールがあるからこそ、選手も観客もプレーに全力集中、結果としてコートに熱狂、感動、伝説が生まれます。クロノス（量的な時間、時計で測れる時間。すべての人にとって均質、客観的）を守ることで、カイロス（質的な時間、特定の人に生起する奥深い体験、感動の一瞬）が与えられることを選手も観客も知っているのです。

すそ野の広がりを信じて

私は年間千人ほどの学生に授業を行います。この中からクリスチャン、教会役員、牧師が生まれることを願っています。しかしその中から受洗に至ったと聞かされるのは年に一度あるかないかです。

今は教会の牧師ではないので洗礼式を執行することもなく、何だか種を蒔くだけで「刈り入れ」（ヨハネ4章37節）をしないまま空しさも感じます。けれど伝道者の使命は目に見える収穫物を早急に求めることではありません。若者に「蜜よりも……甘い」（詩編19編11節）福音の味を伝え、その味を支持する人々を核とした「すそ野」を広げることなのです。

地域のサッカークラブのコーチは、教え子すべてがJリーグのユニフォームを着るとは考えないでしょう。もちろんいつの日かプロ選手が生まれるのを願っているでしょうが、何よりも子どもがサッカーを生涯愛し、サッカーを通して人間的に成長してくれることを祈っていることでしょう。トップリーグを頂点とする、様々なレベルのサッカーを愛する人々、そしてそのサポーターを形成することが願いなのです。広がるすそ野の形成こそが明日の日本代表を生み出す土壌となります[1]。

---

1 山田満知子は伊藤みどり、浅田真央などの五輪メダリストを含む多くのフィギュアスケーターを育てた。一見、高みを目指す厳しいレッスンを予想するが、何よりも子どもたちにフィギュアの面白さを

伝道も似ています。すべての伝道対象を「Ｊリーガー」に育て上げようとするのは非現実的です。若者が一瞬でも福音を喜び、それを通して成長してくれることを願えば十分。そのすそ野の広がりが、明日の日本代表、世界の隅々に福音を運ぶ伝道者の誕生につながると信じます。

　伝えることが、「普及型」と自負する彼女の指導の「一丁目一番地」だと言う（「満知子せんせい　トリプルアクセル　28　試合へ　練習を発揮しに」東京新聞、2024年5月10日夕刊、2面）。

ハジマリはいつも子ども
——CS が安心できる場所になるために

出会いによって導かれ

「どんな目標をもって生きてきましたか？」と聞かれると、行き当たりばったりの人生を送ってきたので返答に困る。では「何を手掛かりに生きてきましたか？」と問われたらどうだろう。「聖書を道しるべにしました」と返すのがクリスチャンとして模範解答だろうか。うーん、でも私は違う。聖書は「これ以上こっちに行ってはダメです！」とのガードレール、道から外れる私を制止してくれた印象。同時に苦しみを言葉にし、ドラマ化してくれたのが聖書であり、この書物を通して私は自分と世界を少し整理して眺められるようになった。ただ人生の選択の際、「出口はこちら！」との具体的な案内板になったのは聖書ではなかった。この点、聖書は恐ろしいほどに沈黙し忍耐を強いる書物であった。

私にとっての人生の案内板、それは人との出会い、とりわけ子どもや若者との出会いであった。思えば「ご自分を隠される神」（イザヤ書45章15節）は決断を要する場面で動物を送り（民数記22章）、イエスは対立と混乱の場面で小鳥や花（マ

タイ6章)、子どもを提示する(マタイ18章)方であった。

　時折、若い教師から「聖書をどう教えていいか分からない」との質問が来る。私は答える。「私にではなく子どもに聞いたらどうですか。子どもが教えてくれるから。どこに行けばいいかって」。するとその教師は困った顔をする。無理もない、そもそも子どもとそのような対話ができないから道に迷っているのだ。なぜ子どもと向き合い、対話することを私たちは恐れるのか。他でもない、私たちの行き先が変更され、傷つくからだ。ただこの傷を身に帯び続けることこそが、「愛」ではなかったか。イエスの「受けた打ち傷によって私たちは癒やされた」(イザヤ書53章5節)のだから、おとなの小さな傷を通してこそ子どもたちも成長する、と信じる私たちではなかったか。

例えばセクシュアル・マイノリティについて

　セクシュアル・マイノリティに関する最初の気づきが与えられたのは1990年代、愛知県で開拓伝道をしている時だった。知り合った少女から同性愛者であることを告げられた。「異性愛が信仰的にも医学的にも正しい」と深く考えもせず信じていた当時の私は狼狽した。すぐに教会員の一人、心理学を専門とする大学教員に問い合わせる。明らかにそれは「異常」であり「正常」に戻すにはどのような対応が適切か、という姿勢で相談していたと思う。その後1999年に東京の教会に移り、大学などで教え始めるとセクシュアル・マイノリティにまつわる質問が更に目立ち始める。私自身、周りに

相談できそうな人もいない。そこで独学する。

この学びの中でまず強烈に突き付けられたのが自らの「ホモフォビア」(同性愛嫌悪)であった。この嫌悪感の根源を問わない訳にはいかなかった。ゲイから自分が性的対象として見られる可能性があるという「嫌悪感」は果たして正当なものか。異性愛者である私が、女性を性的対象として見ることは受容できることなのか。同性愛は「病」ではない、むしろ課題は自らの偏見、ジェンダー観となった[1]。

2010年前後まで、講義後に回収する出席表に時々次のような質問が書き込まれた。「先生はゲイですか?」当初はからかいと感じ「冗談じゃねーよ」と笑って対応していた私だった。しかし後にそれらの質問の背後に何らかの訴えがあると分かり、冗談での返答が学生たちを深く傷つけ、偏見を更に助長していることも知らされる。それから対応を変えた。「あなたはゲイですか?」の問いに対し「私は異性愛者です。しかしもしもゲイだったら、私たちの関係は何か変わると思いますか?　もし変わるならなぜですか?」やがて出会いの最初に同性愛をカミングアウトする学生が出始める。私はこの問題に向き合い、自らの考えを表明する責任を感じ始めた。

2012年3月、勤務する大学で教員研修会が行われ、ここで

1　私が気づくかなり以前に、WHO(世界保健機関)は1990年に同性愛を国際疾病分類から外し、日本精神神経学会は1995年に同性愛を精神疾患から除外していた。

私は大学におけるLGBTへの対応について発題してみた。驚き、理解、批判が起こった。キリスト教界内でこの様なテーマに踏み込む場合、特定の信仰的・政治的立場と混同され、対立があおられた歴史がある。よって抗議も受けた。

　抗議を受けながら、考えた。なぜ私はこの場所に立っているのか？　ああ、そうか。子どもたちがここまで連れてきてくれたのだ。自分の興味関心でここまで来たわけではなく、子どもが手を引っ張って案内し、今があるのだ。

聴いてくれる耳を探して

　若者たちは見るもの聞くもの、おとなたちの想像を超えた豊かな世界を体験しているが、どんなに最先端の情報に日々触れたとしても、いまだにただ一つ、確かなものに出会えていない世界がある。聴き手、リスナー、受け止め手に出会えていない。ピッチャーとしてボールを投げたいのに、思いを正面からしっかり受け止めるキャッチャーに出会えていないようなのだ。そのせいか若者たちは危険水域に踏み込んでまでSNS上で自分をさらし、関係を求め、夜の街を回遊して承認を待つ。だが地上の承認の「数」という「水を飲む者は誰でもまた渇く」（ヨハネ4章13節）ことだろう。結局「鹿が涸れ谷で水をあえぎ求めるように」（詩編42編2節）日々聴いてくれる耳を探し続けなければならない。

　セクシュアル・マイノリティをカミングアウトする際、あえて「カミングアウトしやすさランキング」をつけるとするならば、①友だち、②きょうだい・職場の同僚、③母親、④

父親、という順番になると石川大我は語る。さらに言えば、年配の人よりも若い人、男性よりも女性のほうが理解してくれる場合が多く、海外生活経験者も聴く耳を持ちやすいとのことだ[2]。

　この主張に沿えば、マイノリティ側の人々には相談しやすいが、強者、マジョリティ側、日本の地域社会（会社？）にどっぷりつかった「父親」タイプの中高年男性、これが一番相談しにくいタイプとなる。ここで教会に問う。教会よ、教会は子どもたちにとって、「聴いてくれる耳」なのか。先ほどの「ランキング」に組み込まれるとしたら、教会（学校）はどのあたりに位置するのか。日本の社会で徹底したマイノリティでありながら、体質は中高年オヤジになっていやしないか……と。

「変わりございません」

　列王記下4章に、子どもが死ぬ場面がある。母親は助けを求めて預言者エリシャのもとに駆け付ける。エリシャは遠くから彼女の来訪を確認、従者ゲハジを迎えに行かせる。

　そのゲハジが母親に会うなり一言。

　「変わりありませんか、あなたの夫は変わりありませんか、子どもは変わりありませんか」（26節）

2　石川大我『ゲイのボクから伝えたい「好き」の？がわかる本』太郎
　次郎社エディタス、2011年、66〜67頁。

母親は答える。

「変わりございません」

この後すぐ、母親はエリシャにすがりつき、その苦しみを吐露することとなる。

ゲハジからのアプローチを「変わりございません」と受け流し、すぐにエリシャのもとに向かった母親の姿は印象的である。当時の挨拶がたいへん時間のかかるものであったがゆえに母親にその暇がなかったともとれるが、私はここに相談する人間の内情を見る。人は苦しいから「苦しい」と言うのではない。「苦しい」との言葉を受け止める聴き手がいて初めて苦しいと言うのだ。悲しいから機械的に涙が出るほど人はロボットじゃない。涙の受け止め手が見つかるまで、こらえた涙はダムの水、せき止められたままなのだ。少なくとも母親にとってゲハジは、涙を託せる相手ではなかった。

うちの教会（学校）ではセクシュアル・マイノリティ、DV、貧困、自傷行為、オーバードーズ、摂食障害、自死など聞いたことがないというのなら、教会スタッフがこの「ゲハジ」となっている可能性が高い。あなたが「お変わりありませんか」と聞く。子どもたちも保護者も笑いながら「変わりございません」と言って教会を後にする。どうせ話したところで世間話と挨拶ばかりが長くなる、もしくは教会側のメッセージばかりを聞かされる。気がつけば教会の外にいる「エリシャ」に救いを求めて子どもも保護者も消える。うちの教会には今のところ問題がない、と言い切るならそれが問

題である[3]。そう言い切れるほどに教会が末期的に鈍感なのだ。

問題を共有できない教会

なぜ、おとなも子どもも抱えている問題を教会の人には言えないのか。不当に裁かれるからだ。もしくは拒絶の思いに満ちた、困惑のまなざしを向けられるからだろう。かつての私のように同性愛で苦しむ子どもたちと出会い、怖くなり、矯正させなければいけないとの判断が反射的に起こるのだろう。しかしながらそれは、目の前で火事が起こっているのに負傷者を助けもせず、なぜ火事が起こったのか、炎に背を向けて原因を議論している人々に似ている。何が正しく何が間違っているのか、善悪を判断することは大切だが、それは教会の最終的責務ではない。

あの人この人、そして「私を裁く方は主です。ですから、主が来られるまでは、何事についても先走って裁いてはいけません」（Ⅰコリント4章4～5節）。しかも善悪の判断は優先順位の最初には来ない。「善いサマリア人」（ルカ10章）は、重傷者を置き去りにして犯人探しをしただろうか。どうしてこんな危険な場所を一人で歩いたのかと被害者の責任を追及したのか。敵対するユダヤ人が果たして救助対象となりうるか、

---

3 ルカ18章9～14節、黙示録3章17節参照。自己肯定、自己承認から生み出される平安や感謝の心は、必ずしも正確な自己把握にはつながらないし、またその根拠にもならない。むしろそれは滅びの予兆かもしれない。

との議論をネットにあげたか。

サマリア人は、「気の毒に思い」助けた。彼は、優先順位を見誤らなかった。少なくとも彼の神学は、キリストにあってユダヤ人もサマリア人も、いかなる性自認や性的指向も関係ない（ガラテヤ3章28節）。

教会学校はこのサマリア人のようになれないのか。その理由を問う前に、一人ひとりが抱える生きづらさを、一緒に歩きつつ担う空間になぜなれないのか。「弱い私たちを」「言葉に表せない呻きをもって執り成してくださる」（ローマ8章26節）聖霊の力を知る教会学校は、子どもたちの聴き手、「執り成し手」となる豊かな資産を持つ。それに気づき、それを生かせれば、子どもや保護者があなたのことを信頼し始めることだろう。もちろん子どもたちはいきなりそんな重いテーマを話さない。あなたとたくさん、たくさんはしゃいで、ゲラゲラ笑って遊び疲れ、大の字になって寝っ転がって天井（もしくは青空）を見つめ、あなたがぼんやりしているその一瞬の隙を狙い、ボソッと「あのさ、実は先生……」とつぶやくかもしれない。そこに至れば準備はいらない。おのずとあなたの存在が福音を語り始める。

クリスチャンでさえ毎日聖書を読むのは骨が折れる。ましてやノンクリスチャンが聖書を読むことは皆無に近い。ノンクリスチャンが読む聖書は、あなただ。クリスチャンのあなたの生き方、その姿が子どもたちにとっての「みことば」だ。そう聞くとあなたは「では、品行方正な聖人にならねば！」

と思うかもしれないが、違う。「喜ぶ者と共に喜び、泣く者と共に泣」（ローマ12章15節）く、自らの生きづらさを引きずり、こじらせ、他人にかかわる余裕なんてないはずなのに子どもたちのどん詰まりに共振し、一緒に右往左往すればいいんじゃないか。失敗だらけでもいい。いや、その方がいい。陸上トラックの外でタイムを見ながら「もっとペースを上げないと置いてかれるぞ！」と怒鳴るおとなはもういい。恥と罪を背負い、言うことをきかない足をもつれさせて伴走する「大きい子ども」を、「小さい子ども」はいつだって探しているのだから。

「逃れる道をも備え」る教育

説教を歌え

　　言葉を控えめにして多くを語るのが熟練の業である。多弁を弄して、何も語らないのは、愚の骨頂である[1]。（ルター）

　長々と話して結局何を言っているかさっぱり分からない人もいれば、短い言葉でバシッと言いたいことが分かるという人もいます。ルターは長い説教にうんざりして「早く要点を言え」みたいな感じだったのでしょうか。

　ではみなさん、限られた言葉で多くを語るといった場合、どういうものを連想されますか？　日本の文化だったら、短歌や俳句などがそうですね。短い言葉で多くを語っています。ただ私はもう一つあると思うのです。短い言葉で多くを語るもの、それは歌です。歌は歌詞だけを語るなら数秒で終わる

1　マルティン・ルター『卓上語録』植田兼義訳、教文館、2003年、256頁。

のに、メロディーがつくことで、深く広く遠く私たちの記憶を呼び起こします。時代を超え国境を超える力まで、メロディーは言葉に与えます。メロディーをつけることで私たちはメッセージをより豊かに届けられるのです。

　その意味で、説教も歌わなければ、メロディーをつけなければいけません。そうしないと遠くに届きません。

　そうなると、まるでミュージカルのように歌いながら説教をしなければならないのか、と思われるかもしれません。しかし、私はそういうことを言いたいのではないのです。「説教を歌う」とは、説教の原稿に音符をつけることではありません。それは、語られる説教に「愛を込める」ことです。説教に愛を込めることで、説教がメロディーを奏で、世界に広がる「歌」になります。

　これに関しては苦い経験があります。

　教会で牧師をしていた時代、教会員の一人と険悪な状態になったのです。

　毎週日曜日の朝、礼拝に信徒の皆さんが集まります。そこで、その対立していた人が一番前、説教する私の目の前に座るのです。自分では好意を持って接しようとは思うのですが、意見が合わないとやはり難しい。特につらかったのが、土曜日です。土曜日の夜に説教をつくるのです。説教をつくっていると、その人の顔が浮かんできます。そして段々と腹が立ってくるのです。

　そのような気持ちで説教をつくるとどのような説教になる

かといいますと、自然と相手を非難する言葉が並び始めます。どこかに棘があるのです。冷たい説教でした。そしてその説教は聴く人を傷つけました。不思議なのですが、たいがい冷たい裁きの言葉というのは私が「裁きたい人」に届かず、「裁きたくない人」に届くのです。私が意図しない人々に、私の冷たい言葉がまず刺さるのです。これはルターも言っていますが、裁こうとする説教は、「善人」を傷つけるのです[2]。

　良い説教がつくれませんでした。いや、説教が苦しくてたまらない日々が続いたのです。長いトンネルの時代でした。どんなに聖書原典のヘブライ語やギリシア語を熱心に訳しても、ラテン語の言葉の意味、有名な神学者の言葉を引いてもダメでした。私の説教にはメロディーが全くつきません。

　やがて、私は自分の中で決定的に欠けたものが分かってきました。それが、愛でした。

　祈りました。「神さま、愛せない私を、救ってください。憐れんでください」。そう祈りました。これが分岐点でした。やがて土曜の夜に説教をつくる時、少しずつ「対立する人」以外の顔も浮かび上がってきたのです。会衆一人ひとりの顔がバランスよく浮かぶようになってきました。

　キーボードを叩きながら「あの中学生は、こういう表現の方が伝わるのかな？」「夫を喪ったばかりの彼女は、この言

2　ルター『卓上語録』253頁。

葉を伝えて、果たして慰められるのだろうか？」「受験に失敗した彼が、この言葉で力を持ってくれるだろうか？」と思い巡らせました。それぞれが喜ぶ顔、それをイメージしながら説教をつくり始めた時、私の言葉は少しずつ短くなりました。メロディーを持つようになりました。私の思いを越えて、その言葉は遠くに届き始めます。ようやく説教を歌えるようになったのでしょうか。

　私は知りました。愛する気持ちなくして説教をしてはならない、と。愛は言葉を選び、短く整えるということも知りました。説教とは、愛について長々と説明することではありません。「皆さん、私は愛する力のない者ですが、それでも皆さんのことを大切にしたいと思っています」と伝え、実践することです。その時、説教は歌になります。

休符も音の一つ

　学校の授業も同じではないでしょうか。授業で語られる言葉、これは歌詞です。もちろん歌詞は短く厳選すべきです。しかし、歌詞だけでは届きません。そこにメロディー、愛を加えなければいけないのです。ではその愛とは何かといいますと、そのために費やされる「準備と工夫、及び交流」です。これが、メロディーをつけることになるでしょう。ただし念を入れてメロディーをつくりますが、休符も音の一つです。音がないということも大事です。

　今は廃止になった大学二部、夜間の授業をやっていた時のエピソードです。私も若く、熱心でした。そこで一年間の授

業が終わって学生たちに「授業の感想を聞かせてください」と言ったのです。多くの学生が感想を寄せてくれたのですが、その中で一番心に残ったコメントがあります。当時、授業が終わるのは夜9時でした。多くの学生が仕事を持っていますから、翌日の仕事にそなえ、終了のチャイムとともにすぐに帰ります。その学生も授業が終わって早々に教室を出ました。ところが忘れ物に気付いて引き返し、教室に再び入ろうとした、すると私が寂しそうな背中を見せて黒板を消していた、というのです。それを見て「ああ先生も人間なんだなあ」と思ってホッとしたというのです。私としてはあまり見られたくなかった姿が、彼女にとって最も印象深いものだったようです。

　教師の全力投球は、教師の弱さ、人間らしさを隠します。そしてそれは教師と学生の間に距離を作りかねません。ところが教師の弱さは、教師と学生をつなげるきっかけになりえます。この弱さが休符にあたるのです。もっと言うと弱さを隠さない、隠せない、というのが休符です。これが若者にとって大事です。弱さというのは世界の共通語、若者たちとの共通語なのですから。

見える世界ではキャリアとか、人生経験とか圧倒的におとなの方が強いわけです。しかし、地下水があるのですよ。見えない「弱さ」という共通の地下水が。

　「隣人を愛しなさい」。確かに正論です。しかし、愛せない自分がいます。助けを求められながら人を見捨てた経験があります。この弱さは教師も学生も共通です。愛したいけれど、愛されたくてたまらないけれど、怖い。この共通言語を、おとなの側が忘れない。学生たちは愛についての説明が聞きたいのではないのです。そうではなく、「愛せない」私、愛したけれど「裏切られた」経験、いや逆に相手を「見捨てた」経験、それを共有したいのです。弱さを、地下水を交流させたい。それらの痛みを潜り抜けて、それでも愛を正面から見すえ、愛を語りうる時に、奥深い意味、生きる力がお互いに生まれてくるのではないかと思います。

横に並んでみる

　皆さん悩んだらどこに行かれますか？　ある人に聞いたところ、教会に行かなくて公園で一人になります、と言いました。なぜ公園に行くのでしょう。それは、広がり、大きな空間があるからです。大きな空間と言えば、川の近くであれば土手に行きますね。仮にあなたの友人が土手に座り、川の流れを見ながらぼんやりしているとしましょう。その時「お友達が悩んでいる！」と思い、「どうしたの？」と言ってその人の正面で向き合って立つ人はいませんよね。そうではなくて、横に座るのではないでしょうか。そして同じ景色を見る

のです。若者たちに福音を伝える時の立ち位置は、ここだと思います。私たちが共通に抱える弱さという景色を共に眺める、その時に初めて通い合う言葉が生まれる気がします。それは言い換えると「自らの子ども時代」を同時再生しながら語り合うということです。

　世阿弥が「離見の見」という言葉を残しています[3]。舞台に立つ優れた役者というのは、聴衆の中にもう一人の自分を据えているらしいのです。もう一人の自分が観客席から、演じる自分を客観的に冷静に見ている。これを離見の見というらしいのです。

　私たちが若者たちの前に立つ時、この離見の見が必要です。若者の群れの中に、常に傷つき、滅びやすかった若い頃の自分を据えるのです。神学校などで「説教する時に子どもたちにどう語ったらいいですか」と質問されるたびに、私は「中学生だった自分の写真を持って来なさい。そしてそれを説教台において話しなさい」とアドバイスします。あなたが「偉

3　「花鏡」『世阿弥芸術論集』田中裕校注、新潮社、1976年、124頁。

そうなこと」を言うと、かつての自分が「うそつけー」と突っ込んでくるからって言います。「離見の見」です。

　鈴木正久牧師（1912〜69）は戦争で亡くなった友人たちの写真を、聖書の脇に置いて説教しました。説教するたびに彼らのまなざしを意識し、二度と戦争を起こさせない世の中をつくる、との祈りを込めて。これも一つの離見の見ではないでしょうか[4]。

　こういう忘れてはいけない誰かのまなざし、それをどこかに置いておくことが、私たちが若者の「隣に座る」ためのコツかもしれないです。

挨拶を忘れた人にこそ

　授業では100名から150名くらいの学生が入る大教室で話をしていくのですが、その中で一人ひとりと対話しながらやっていく授業とはどういうものなのか。優れたコンテンツを用意するというのは当然ですが、それを踏まえた上で、できるだけ学生に直接関わるようにしています。

　まず、講義前のおしゃべりや挨拶。教室に早めに来ている学生がいます。そこで少し話しかけたり、挨拶をします。

　私が授業で配る出席表がこれです（次頁参照）。手作りで、ここに「9」と数字が書いてあります。9回目の授業用出席

4　鈴木正久『鈴木正久著作集　第四巻　自伝・日記・手紙・年譜』新
　教出版社、1980年、328頁。

表です。大体半期で14回の授業、全部絵柄を変えています。なぜでしょう。そうです、「偽造」を防ぐためです！印刷された大学内共通の出席表もあるのですが、それをなぜか事前に何枚も持つケシカラン学生がいますので、決して「代返」を許さない決意を込めて作りました。これを毎朝一人ひとりに挨拶しながら、各自に用意してもらったネームカードを見て、その人の名前を呼んで「おはよう」って言いながら渡していきます。これ、最初は学生たちの心を開くためにやっていたのです。ところが、やり続けるうちに分かったのですが、これ、実は私が心を開くためにやっているのです。やはり、百数十人を前にすれば、ひるんでしまうのです。でも、そこで私が心を閉ざしたら伝えたいことが伝わらない。だから、まず自分が心を開くために100人いたら、100回挨拶し、自らの姿勢を整えます。

　色々います。素敵な笑顔で「おはようございます！」という学生もいれば、ビジネスパーソンが名刺を受け取るようにお辞儀する学生もいるし、挨拶しても全く無反応な学生もいます。

　これも忘れられない二部の学生でしたが、1年間帽子を目深に被って、私を直視しません。耳にイヤホンを差し込み、見るからに授業を受ける態度じゃないのです。「（夜なのでおはようではなく）こんばんは」と言っても、私の顔も見ずに出席表をむしり取るようにピッ、と取るのです。これがほぼ

前期後期、20回以上続きました。

　年度末を迎えました。試験が終わって解答用紙を回収しました。その中に、彼の答案もありました。そこそこできていたのですが、それよりも解答の最後に小さい字でこう書き添えてあったのです。「先生、毎回笑顔で挨拶してくれてありがとう」と。私のことを見ていないようで、何と彼は私がほほ笑んでいることに気づいていたのです。

　私はこの時から、どんなに態度が悪くても心をこめて挨拶しよう、と決めました。彼は一度も挨拶を返しませんでした。しかし、それは何か事情があるのですよ。「おはよう」と言っても「おはよう」と言わない人、「おはよう」の言葉を忘れた人こそ、「おはよう」を必要としているのです。

　大学に来て1回も挨拶もせず名前も呼ばれずに、スマホ画面だけを見て帰っていく学生がいます。その学生に1回でもいい、心をこめて「おはよう」と言える。それが私にとって今授業で一番大事です。「私はあなたを見ているよ」「私はあなたに敵意はありませんよ」「私は今日あなたと少しでもお話しできると嬉しい」「私は生身の人間ですよ。スマホ画面の向こう側の人間ではありません。だからあなたがおしゃべりしたり、寝たりすると傷つきます。人間ですからね」——これはやはり物理的に声をかけ続けないと伝わりません。大教室だと本当に動画の向こう側の人間に思えるではないですか。そうではないということを一人ひとりに伝えます。

　授業のあと質疑応答の時間というのはなかなか取れないの

で、出席表の裏に授業への質問を書いてください、と伝えます。すると様々な質問が寄せられます。正直、授業に関する質問は少ないです。そうではなくて、「近くの中華屋さんでおいしいところありますか」とか、「先生が大学時代一番やらかしたことは何ですか」とか、からかっているような質問が目立ちます。でも私は次の授業で、質問者の名前は伏せながら丁寧に答えます。その答えを通して、学生は私という人間を「このおじさん何者？」と値踏みしている感じです。

　やがて授業の内容とリンクしながら「よく死にたくなりますがどうしたらいいのでしょう」や、「親が離婚しました」とか、種々の悩みも出てきます。それらを「おいしい中華屋はどこですか」と並列に淡々と答えていきます。重いのも軽いのも全部一緒くたに答えていきます。なぜなら、それが人生だからです。今までゲラゲラ笑っていたのに、突然死にたくなる。それが青春であり、私たちだから。だから分けません。そのように軽い問題の中に死のテーマなどを淡々と入れていくと、やがて学生たちは「あ、このテーマは扱っていいんだ」ということが分かってきます。身近な人が自殺したとか、自傷行為、ハラスメントやDVとか、色々な質問が来て、普通に共有します。特別扱いするのではなく、人生の現実を前にして、こういう問題を日常で扱うことは恥ずかしいことでも何でもない、と態度で示します。そして生きるテーマに関わることなら、どんな話をしても大丈夫なのだという空気を教室に作っていくのです。

品物ではなく手間を

　手作りの紙芝居をよく使います。私は工作や漫画を描くのが好きなのです。それで、気分転換に作っています。あるテーマを紙芝居で解説するわけですが、別にこれ、しゃべりで終わらせてもよいわけです。それでもあえてなぜこういうことをするかというと、ある「思い出」があるからです。高校時代に物理の大橋先生という方がいらっしゃいました。この先生は物理の実験の時に自作の不思議な教材を持ってくるのです。ただこう言っては何ですが、その教材、出来具合が今一つ微妙なのです。

　波の授業がありました。彼は、割りばしみたいなものを糸で横に何十個とつなげて、「はい、今から波の授業をします。波とはこういう形で伝わります」と言ってポンと端を叩いたのです。そしたら、たぶん彼の頭では右から左に「波状のうねり」が割りばしに伝わるはずでした。ところがポンと叩いたら、パラリッ…バラバラバラ…と教材が崩れ落ちました。教材のみならず「波の授業」がここで崩壊です。

　私はこの情景が忘れられません。先生、これで徹夜したのではないだろうか。でもどうにかして伝えようと思って頑張って作ってくれたんだな、と思うと、嬉しくなりました。同時に私は、物理が好きになったのです。

　手間というのは「あなたに会う前からあなたのことを考えていました」ということです。子どもたちは高価な品物を必要としているのではないでしょう（高価なものは溢れています）。そうではなく手間です。品物を渡すのではなくて手間、

「あなたに会うのを楽しみにしていました」というメッセージを手渡します。

偏愛の経験値

やがて全ての授業が終わると、私は一人ひとりの提出済みの出席表を全部とってありまして、それらを各自の名前が書かれた一枚の紙に院生のTA（ティーチング・アシスタント）の協力のもと貼り付けます。その学生の半期のコメントが貼り付けられた束（学びの歴史）を作ります。そして最後の授業で、名前を読んで、一人ずつ返却します。手間はかかりますが、それによってかけがえのない存在であるということを語るのではなくて、ちょっぴり実感してもらえないかなと願うのです。このような個別の小さな経験を積み重ねなければ、言葉というのは通じないのではないかと思います。平等な愛ではなく、それぞれに向けられた「偏愛の経験値」が必要なのです。

児童養護施設「光の子どもの家」を設立した菅原哲男さんが語ります。「児童養護施設が見習うべきなのは、決して学校の教師たちのような均しさではなく、家族、とりわけ親子関係にある〝偏愛〟なのである」。偏った愛です。

「光の子どもの家」では担当者に、担当する子どもたちをできるだけ依怙贔屓して育てようということを確認しています。担当者は、担当する子どもだけに心を込めてお土産を用意するそうです。そうされることによって、私たちが自分の親に持ったような、みんなと同じではない、私だけが愛され

ているという経験をします。「みんなと一緒」——施設の子どもたちはこれを極端に嫌います。愛されることは、みんなと同じに扱われることではないのです[5]。

　依怙贔屓、他の子と私は違う。私だけ特別なのだ。この偏愛の経験値がどこかにないと人間は成長しないようです。

　皆さんにも、心に残る先生がいらっしゃると思うのですが、その先生をどうして、あなたは今も懐かしく思うのでしょうか。その先生が生徒を均等に愛する先生だったからですか。私は違うと思うのです。むしろ、なぜか何気なくあなたに目を留めて声をかける先生だったのではないでしょうか。なんで私なんかに声をかけるのか分からない。でもその先生の「私だけ」に向けられた偏った愛、「特別扱い」によって、どうにか踏ん張って、私たちの今があるという気もします。

　私は依怙贔屓には二種類あると思うのです。一つは、共同体を崩壊させる依怙贔屓です。もう一つは死んだものを生き返らせる依怙贔屓です。99匹を残して1匹を捜しに行く、失われたものが見出される（ルカ15章4節）、そういう後者の依怙贔屓が、一人を、いや共同体を再生させます。大学というたくさんの人々がひしめく場所でこそ学生たちは、若者は、偏愛を求めている気がしてなりません。

5　菅原哲男、奥寺美鈴『新・誰がこの子を受けとめるのか　虐待された子らからのメッセージ』いのちのことば社、2019年、24〜25頁。

「逃げる」だけでは足りない

　私は、とりわけ次のことを学生たちに伝えたいと思っています。それは「逃げ道アリ」です。つまり、オルタナティブ、もう一つの道が常に存在するとの世界観を伝えたいのです。日本の教育は子どもたちをコーナーに追い詰めて、「死んでも逃げるな」と言って、そこで限界を超えさせて成長を促します。これに対し、聖書の指し示す教育観って何かと言いますと「死んでも逃げろ」です。「死んでも生きろ」です。人生には、○○がなければムリとか、○○しかありえないとか、○○を乗り越えなければダメなんてことはありません。ダメなら次に行けばいいのです。神は「逃れる道をも備えてくださいます」（Ⅰコリント10章13節）と聖書は語っています。人生には逃げ道、寄り道、脇道、色々あるのです。

　モーセ、ヨナ、イエスの弟子たちと、聖書には逃げて道を切り開く人物が目白押しです。聖書がなぜ逃げて良し、と言うのか。それは逃げても、そこに神がいるからです。神は特定領域の中でしか活動できない閉じ込められた方ではなくて、ボーダーレスに存在します。世界を包み込むただ一人の神がいるわけです。どこに行こうが、そこに神がいます（詩編139編1〜18節）。

　学生たちにいつも「依存先を分散するように」と言っています。大学では教員と学生の間でハラスメントの問題が生じています。学生にとって一番身近なおとなというのは教員と親でしょう。この関係は利害関係なのです。教員に何か言ったら悪い成績をつけられるかもしれない。親と言い争うと学

費を払ってくれないかもしれないというように、こういう垂直の利害（支配）関係の中にいる学生は追いつめられるわけです。だから垂直ではなく、利害の絡まない「斜め」の人間関係、逃げ場が必要です。近所のおじさんとかバイト先の人とか、何でもいい。この点からすると教会などはすごく大事なポジションです。教会のおじさんおばさん、利害関係ないですものね、基本的に。このような人々がいれば、子どもたちは一時的にでもプレッシャーから逃れられます。

　ただここで注意したいことがあります。逃げるためには、逃げた先が安心した場所であることが大事です。しかもそこで「罪の赦し」が必要とされる場合もあります。

　「てんでんこ」という言葉をお聞きになったことがあるでしょうか。これは津波が来たら他人のことなどかまわず、すぐに避難して自分の命を守れ、という三陸地方に伝わっている教えですが、この「てんでんこ」に従い、生き延びた人を決して責めてはならない、といわれています。自分を助けるだけで精一杯なのだから、誰をも助けられなかったことは仕方ない。当たり前のことです。誰もその人を責める資格などありません。しかし自分だけが生き延びたということを唯一責める存在がいます。自分です。自分自身が「なぜお前だけが生き延びた」と執拗に責めたててきます。

　医者でカトリック信者、43歳で亡くなった永井隆が、長崎での被爆体験を次のように記しています。

　　生き残っている人々に向かって「原子爆弾で殺さ

れぬには、どうしたら好いか？」とたずねなされば、
だれでも同じように、こう答えるでしょう。「逃げ
ることです！」……とにかく逃げ出すのです。何も
かも構わずに逃げるのです。すぐに飛んで逃げるこ
とです。仕事だの、責任だの、義務だの、義理だの、
人情だの、財産だの……そんなもの一切を振り棄て
て、わが生命ひとつを助けることだけ考えて、飛ん
で逃げた連中なのです。

　　――けがをした友だちが「助けて下さい」と呼ん
でいる声を聞こえぬふりをし、足をにぎるその友の
手をもぎ離して逃げ出した私たちです。職場の大切
な品物をほったらかして逃げた私たちです。ひとの
畑のきゅうりを食べて、かわきを止めて走った私た
ちです。

　あの火の中で、助けを求める友を救うために踏み
止まって働いた人々はたくさんありました。職場の
重要書類を取り出そうと努めていた人々もたくさん
ありました。その人々は、しかし、忽ち燃え上がっ
た火に包まれて、みな死んでしまいました[6]。

　永井は生き延びた喜びよりも、人々や仕事を見捨ててしま
った痛みに苦しめられます。良心に従って行動した人は死に、

6　永井隆『原子野録音』聖母の騎士社、1989年、51頁。

殺されまいと良心に背いた私が生き残ったというのです。そしてこう結論します。

　　私たち原子野生き残りは、利己主義だったのです。
　人でなしだったのです。［……］あの原子の火の中
　を逃げたときのことを思い出すと、もう胸の中は引
　き裂かれるようであります。［……］私たちは、皆
　さまから同情を受ける値打ちのある者では決してあ
　りません。私たちは壁のない刑務所で、罪の償いの
　生活を送っている痛悔者であります[7]。

　この永井のように天災人災の生存者が、生き延びたことへ
の喜びよりも生き残ったことへの後悔、自分を責め続ける思
いに今も苦しんでいます。この人々を覚え、私たちは祈りま
す。そして、その祈りの根拠となるのが「贖いの業」（ロー
マ3章24節）、十字架の言葉です。神は私たちを「値なしに義
とされ」る、罪をすべて赦される。十字架にかかったイエス
が、私たちに宣言される。「あなたの罪を全て赦します。神
が赦します。だから、これ以上、自分自身を責めてはなりま
せん」。
　逃げるだけでは足りません。その逃げた場所が、安心でき
る場所でなければなりません。そしてそのあとに決定的なの

7　永井『原子野録音』54頁。

は、そこに十字架があることです。赦しの宣言が響くことです。そうでなければ「逃げる」ことに人は耐えられません。

洗足

ヨハネ13章を見ますと、泥と埃<ruby>埃<rt>ほこり</rt></ruby>だらけの弟子たちの足をイエスが一人ひとり洗っています。弟子たちの足はみるみるきれいになっていきます。同時にイエスのたらいの水は黒くなり、イエスのタオルはどんどん汚れていきます。弟子たちはきれいになっていくけれど、イエスは汚れていくというコントラスト。

この体験を経た弟子たちは、後に十字架で死んだイエスを目にします。血だらけで裸、おしっこやうんこも垂れ流しで、見たくもない汚れた姿です。その姿を見た時、分かったのです。「彼が担ったのは私たちの病　彼が負ったのは私たちの痛み」（イザヤ書53章4節）と。私たちの汚れを十字架が拭い去り、イエスは汚れ、私たちは清くなったと。洗足の場面におけるコントラストの意味が、ここで了解されるのです。

十字架は汚い。しかしそれは私たちの最も汚いものをふき取った、その結果です。この弟子たちのように、誰かから大切に扱われた経験って大切ですね。弟子たちは一番汚い足を洗ってもらいました。イエスの温かい手の感触は、生涯弟子たちの足に残っていたことでしょう。私は思うのですが、つらいことがあっても、自分が大切にされた、汚れを、惨めさを取り去ってくれた体験というか、原風景があれば、人は何とか生きていけるのではないでしょうか。

若者たちが自分で自分に絶望しています。しかし、その子がどれほど自分自身に愛想をつかしても、その子をあきらめないおとながこの世界にいる。自分がどんなに汚れているか延々と語る若者がいます。しかしどんなに汚くても、それでもその汚れを取り除こうと洗ってくれる人が、この世界にいるかもしれない。ですから自分で自分に絶望しても、それが人生を否定する、終わらせる根拠にはならないのです。

自分に愛想をつかしても

　愛されるって怖いことです。真の愛は私の表面的な部分ではなく、隠された部分、自分の中の汚いところまで見抜いたうえで愛そうとする。だから恐ろしい。あなたを本当に愛する相手はそこまで侵入し、直視してきます。一枚一枚衣服をはがされるような気持ちです。だから汚い私を見られないように厚着します。ばっちりメイクして、オシャレする。それはひょっとしたら、単なる身だしなみを越えて、自分の内面を見せないための戦略、自己防衛なのかもしれません。本当に自分の汚れを見たら、みんな逃げていきますから。

　しかし、その汚れを見ても逃げない方、いやその汚れすらきれいに拭ってくれる方がこの世界にいることを、「洗足」と「十字架」が語ります。

　私が神学生だった頃、平日の夜、高井戸教会の祈祷会に参加していました。牧師夫妻と2人くらいの信徒さん、そして私というメンバー。深谷修牧師（1936〜95）の聖書解説を聞

いて最後に祈るのですけど、その話が少し難しく、始まって10分くらいで参加者が次々と寝るのです。私は必死で起きていたのですが……。ともあれその話が1時間弱で終わって、「それでは祈りましょう」となります。驚くことに、クリスチャンって「祈りましょう」と言ったらパッと起きるのです。その中に大塚さんという70代の女性がいました。教会の前の共同住宅に一人で住んでいました。私があまりに貧相に見えたのでしょう、彼女は私に問いかけます。「塩谷君、あんた食べてるの？」「おなか空いてるでしょう？」「ウチに来なさい。食べさせてあげるから」。私は常時腹を空かせていたので「ほんとうですか？」と言ってある日、のこのこついて行きました。他にやることもない、うらぶれた神学生でした。

　お家にお邪魔すると荷物だらけでした。玄関から入った廊下からすでに3分の2くらいが荷物でふさがり、残された隙間を前に進んでキッチンに向かいます。斜め上に倒れ掛かった博多人形みたいなものがあって私を「おぬし何者」という目で睨んでいます。ようやくテーブルにたどり着くと、料理が食べきれないぐらい、どんどん出てきます。おいしくいただきました。しかしさすがに食べきれず「もう大塚さんいいですよ。お腹いっぱいだから」と言いました。すると「何言ってるのよ、これからがメインよ！　ステーキ！」と言いながら彼女が冷凍庫開けたら──すみません。もう若い方は分からないと思うのですが、昔の冷凍庫は内部に霜が張りついていました──霜だらけで、やはりこれもまた3分の1く

46

らいしかスペースがないのです。その中から賞味期限不明の冷凍牛が出てきました。もう時代は平成に移っていたのですが、ひょっとしたら昭和のものだったかもしれません。「もう大塚さん、いいですよ。僕十分食べたから」「何言ってんの！　若いのに」と言って、私の言葉を無視してコンロの前で料理を始めた大塚さん。そのうしろ姿を見ていたのですが突然、数秒間、ボーって炎が上がったんです。燃えたのです。フライパンの油に火が移って。後ろから見ると、牛肉ではなく大塚さんが燃えているようでした。「大塚さん、大丈夫ですかァ！」と言ったら「大丈夫よー！」って笑っています。

　……胸が熱くなってきました。この人は何で私の来訪をこんなに喜んでいる？　食べるしか能がない、どこの馬の骨か分からない、いつもどっかねじくれて素直になれない私の中に、彼女はそれでも希望を見出しているらしい……。

　その時でした、予告なく、次の言葉がドンと胸に飛び込んできたのは。

　「自分ノ人生ハ、自分ノタメダケニ、アルノデハナイ」

　断続的に「燃える」大塚さんを見やり、おなかも胸もいっぱいになりました。限りある人生を誰かに献げてみたい、と昭和のステーキをかじりながら思いました。

　これはひとつの私の原風景、「洗足」です。これを思い出すと、力が湧いてきます。自分が大切にされたという体験なくして、どうして他人を大切にすることができましょう。誰

かに献げてもらうことなしに、どうして自分の人生を世界に献げることができましょうか[8]。

　大塚さんはもう亡くなりましたが、今も私の胸の中でステーキを焼いています。なぜあれほど私を気遣ってくれたのか、今は知る由もありません。ただそのような偏愛が人生に根雪のように少しずつ積もりながら、若者たちは春を待つのだ、と信じています。

（2018年7月28日　上智大学での講演）

8　深谷修、サク子夫妻も祈祷会前の夕食に何度も私を招いてくれた。ICUで同期だった息子の潤くん（西南学院大教授。2022年に急逝）も食卓にいて、所在なげでうつむき加減の私に「希望」を見出してくれた。サク子さんの「夫がね、『塩谷さんはいい牧師になる』って言ってたよ！」と耳うちしてくれた言葉は、長い暗い夜道の支えだった。

糸電話のごとく

　2020年3月に新型コロナウイルス対策として緊急事態宣言が出され、すべての授業がオンラインに切り替わった。見えない相手に向かってインターネット回線を使い、90分×15回の授業を双方向で行うという気が遠くなる作業が突如始まった。

　既視感があった。子どもの頃、糸電話で遊んだことがあるだろうか。紙コップを耳にあてて消え入りそうな相手の声を聞き取り、次にそれを口に押し付けて応答するが、言葉が届いているかどうかとても不安になる遊び。オンライン授業はあれに似ていた。糸電話はしばらくすれば飽きてしまい「やっぱり直接会っておしゃべりがいいね」と言って片づけられた。けれど今回はそうはいかない。徹頭徹尾、特に1年生に対しては初対面にもかかわらず「糸電話方式」で授業を行い、採点までやるという。

　安定しない回線は途切れる。相手の反応は見えない（いや、見せてくれない）。自分の声が先方に聞こえているのか確証が持てない（手ごたえが感じられない）。それはまるで、鬱蒼とした森の中に日本語を解する人が潜んでいると信じ、ひたす

ら90分言葉を送る苦行のようでもあった。

　半ばあきらめるような思いで学期末を迎えた頃であったか。その「森の中」からささやく声が聞こえはじめ、何人かの学生が現れてきた。森の中からあの人この人、紙コップを片手に「授業、聞こえてましたよ」と言いながら登場してくる。驚いたことに学生たちの反応は予想以上に肯定的。

　本音を言えばオンラインなど対面授業に劣るもの、とみなしていた。しかし切れそうな糸にびくびくしながら、私が糸電話をしっかり口にあてて声を張り上げていたように、受け取る側も必死に紙コップを隙間なく耳に当て、小さな言葉の欠片すら丁寧に拾ってくれていたようなのだ。

　追い詰められていた私は、重要な情報、神さまという存在を糸電話の向こう側にどうやったら伝えられるか、と必死に「糸」に思いを託していた。しかし違っていた。神は私の独占物ではない。語る側、聴く側、どちらにもいる「遍在（omnipresence, ubiquity）」の神ではないか。

　　　　私は近くにいる神なのか——主の仰せ。
　　　　遠くにいる神ではないのか。
　　　　人がひそかな所に身を隠したなら
　　　　私には見えないとでも言うのか——主の仰せ。
　　　　天をも地をも、私は満たしているではないか
　　　　　　——主の仰せ。（エレミヤ書23章23〜24節）

　私のやるべきこと、それは情報を伝えることのみではない、

と了解する。むしろ「天をも地をも満たしている」神に、ど
うやったら受講生が気づけるか、そのためのルート、ヒント
を指し示すことが目標と思い定める。北海道から受講する学
生には、その風土の中でご自身を示す聖書の神を語り、熊本
の豪雨（2020年7月）で避難先から受講する学生には、その
避難場所にも共に寝起きするイエスを紹介していくのである。
大切なのは私たちを横につなぐ水平の「糸」ではない。神と
人をつなぐ垂直のパイプである。そのパイプを信じる授業へ
と、いつも以上に力点を変えていく。すなわち「青山学院が
信じてきた神は、キャンパスに来られなくても、今あなたの
いるその場所にいてくださる。その道案内を、聖書を通して
行いますので、どうぞ手元に聖書を置いて、ご自分で一つ一
つ確認しつつ聞いてください」。

　以上の意味で、送り手と受け手の両方に聖書があったこと
の意味は実に大きい。そのありがたみは例年に勝るものであ
った。

　考えてみればキリスト教信仰もオンライン教育と似ている。
会えない、触れられない神と、「聖書」という充電不要のデ
バイスを使って双方向のコミュニケーションを行うわけだ。
聖書を通して天からの「授業」を聞き取り、礼拝を通して神
さまに「質問」を送り、主は試練という名の「テスト」も下
さる。必修単位を落とせば、人生には再履修もあるような気
がするが、いかがか。

　ただオンライン教育の課題も浮き彫りになった。その最大
のものが「移動」の喪失だろう。すべての授業を自宅で受け

られる。キャンパスに行く機会、体を移動させる必然を学生も教師も失った。それは私たちの成熟を阻害しかねない。なぜなら人は成長に従って場所を移動する。いや場所の移動が、成長への刺激として作用してきたからだ。高校2年生は進級時、いよいよ3年生のクラスが軒を連ねるフロアに移動し、厳しい受験期を覚悟する。かつて青学の文系学部生は相模原キャンパスで2年間を過ごして3年時、青山キャンパスに移動した。渋谷を歩く3年生の姿はどこかおとなびて、その顔立ちからは幼さが消えていたことを思い出す。

ところがオンライン授業ではこの場所移動がほぼ作れない。高校から大学に移っても、パソコンの画面が変化するにすぎない。ある1年生が言っていたが「まるで高校4年生」に進級しただけのようだ。

聖書の登場人物は見えない神と、「信仰」という名のインターネットでつながった。しかしこの垂直のオンライン教育は、静的なものではない。移動を命じ続ける神が、人と共に行進しつつ、双方向の関わりを展開するアクティブラーニングでもあった。

　　　主は彼らの先を歩まれ、昼も夜も歩めるよう、昼
　　　は雲の柱によって彼らを導き、夜は火の柱によって
　　　彼らを照らされた。(出エジプト記13章21節)

聖書の民にとって、神からの命令は常に「移動」とセット。それは天国へと歩みを続ける「旅人」(Ⅰペトロ2章11節、新

共同訳）である人間にとって、至極当然なこと。人は学びながら移動し、移動しながら成長する。その重要な部分をオンライン授業のどこで補完できるのだろうか。

コロナ後の説教の作り方

　2020年から3年に及ぶコロナの影響は、以前と以降を分断する裂け目となった。この裂け目を超えつつ、2023年時点での私の説教の作り方を記録する。

プレゼンテーションツールの活用

　オンライン授業を強いられた結果、iPadを用いたKeynote（Apple）による説教を30弱作成することとなった。あえて「完全原稿」にしない形で、スライドに大まかなアウトラインを記す。次々と繰り出される画像が聴衆のみならず話者をも刺激し、新しい言葉を生み出しつつ語れたように思う。

　一方、問題も生じた。当初は自由なツールとして用いていたのだが、作りこむほどに、逆にその仕組みに縛られ始めたのだ。例えばアニメーションを一つ作れば、そのアニメーションに引っ張られて全体を「動く」形に調整する。文字だけでは物足りないので一か所イラストや写真をはめ込むと、次のスライドもそれに合わせてデザインし、統一感を出さなければいけない。工夫のし甲斐がある分、一度手を付けると果てしなく仕事が増えてしまう。加えて話の途中で一言書き加

えたい時、Keynoteではスペースが足りなかった。余白を含めバランスを考えてメッセージや画像を事前に配置しているので、もはや画面には書き込む隙間は残されていない。新たに文書を付け足すことは不可能ではないが、瞬時にスペースを増やして展開することが難しい。

その他のアプリケーションによる模索

　そこで説教時に自由に書き込める新たなツールを探す。たどり着いたのが「無限キャンバス」と呼ばれるアプリであるが、これは縦に横にと無限に広がる画用紙をイメージしていただければいい。どの方向にも画面を動かすだけでスペースを増やせる。もちろんあまりに縦横に書き込むと全体像が見えなくなるが、講演時の書き込みツールとしては最も自由度が高い。現在注目しているのは2022年12月に発表された「フリーボード[1]」である。厳密には無限キャンバスではない（書き込み範囲に制限あり）が、レジュメから音楽、スライドショーそして動画などをキャンバス上に貼り付けられ、話の流れを遮ることなく（いわゆるシームレスに）レジュメ⇔音楽⇔スライドショー⇔動画と移動できる。ある程度タブレット操作に慣れれば誰でも操作可能だ。

1　https://www.apple.com/jp/newsroom/2022/12/apple-launches-freeform-a-powerful-new-app-designed-for-creative-collaboration/（2024年5月13日閲覧）

なお以上の説教の実際、サンプルは62頁の二次元コードを通して視聴できる。

「否定できない」ことの問題

　以上のようなアプリ紹介は1〜2年で古びる情報であろう。しかしそれでも現在進行形の試行錯誤を記すには理由がある。それは「コロナ禍」を経ても変わろうとしない日本、キリスト教会、その説教、福音伝道への危機感からである。イエスの登場により新しい「時」が始まったことに気づかず、ひたすら「長老たちの言い伝え」（マタイ15章2節）にとどまるグループがいたが、同じようにコロナの収束を機に2019年以前に戻ろうとする人々がいる。その動きに対する警戒、旧態依然とした礼拝スタイルに回帰することへの不安からである。なぜ変わらないのか。変われないのか。ひょっとしたら、変わらねばならないと思わされるほどの「否定」を経験していないのではないか？

　並木浩一は『ヨブ記注解』で、悲嘆の中にいるヨブを徹底的に批判する友人たちの姿に注目する。「共感する、共に涙を流す」姿こそ友人ではないかと現代の読者は考えるが、ヨブの友人たちは妥協を排してヨブを否定する。それは旧約聖書に流れる預言者の伝統であるという。さらにその「否定の精神」が日本に足りないとも指摘する。

　　このような否定の精神ほど現代の日本人に縁遠いものはない。例えば、国体の変容と残存がある。敗

戦によって国体は瓦解した。にもかかわらず、国体
を支えたメンタリティは厳しい否定の精神に晒され
ずに生き残った。それは国家を相対化できないこと
を意味する。そのような土壌では、否定の精神も自
由の精神も革新の精神も発育不全となるであろう[2]。

　国体は瓦解したにもかかわらず、日本政府は防衛費を増
大させ敵地攻撃力を身に着けようと前のめりだ（1941年の真
珠湾攻撃こそ敵基地先制攻撃ではなかったか？）。東日本大震災
を契機に脱原発と誓ったはずなのに、再び原発を増設しよう
と画策する。コロナでハンコ文化から脱却するはずだったが、
再び窓口でハンコを求められ驚く。東京オリンピック問題が
噴出しても札幌オリンピックを誘致したい人々の動きは収ま
らなかった。そして大阪万博が強引に1970年の論理で開催
されようとしている。並木が言うように「否定の精神も革新
の精神も発育不全」であり、何一つ否定されず、葬ったもの
が亡霊のようによみがえる国。
　もしもこの安易な後戻りがキリスト教会にも起こるので
あれば、それは自らの解体を意味しよう。なぜなら（並木も
『ヨブ記注解』で紹介する）家永三郎が指摘するように「否定
の精神」はキリスト教的本質でもあるからだ。

2　並木浩一『ヨブ記注解』日本キリスト教団出版局、2021年、228頁。

しかしながらその全きものへの復帰は、希臘哲学[ギリシャ]にあつては単に人間自身のエロス的努力によつて漸新的に完成されるのであつた。[……] かくてイデアの獲得は遂行されるのであつた。之に反し基督教にあつては、神の罰によつて永遠の罪を負はされた人類がかかる自己の向上によつて罪なき過去に復帰する途は存せず、かへつて十字架の上に「死して」新しく生れ変ることが要求されたのである。希臘理想主義を象徴するErosは神の前に否定せられ、この否定を通じて新しき愛としてのAgapeが人間の側からでなく神の側より流れ出でたことを知らねばならぬ[3]。

自らの努力によって「罪なき過去に復帰する」ことはできない。十字架という神の側からの徹底した否定によって新しく生かされるところに、救いと新たな創造性を見出す。パウロは「私たちは、洗礼によってキリストと共に葬られ、その死にあずかる者となりました。それは、キリストが父の栄光によって死者の中から復活させられたように、私たちも新しい命に生きるためです」（ローマ6章4節）と語り、神からの否定である「葬り、死」によって、「新しい命」が生まれると

3　家永三郎「日本思想史に於ける否定の論理の発達」『叢書名著の復興10　日本思想史に於ける否定の論理の発達』新泉社、1969年、22頁。

明言する。

　私たちの閉塞感は、この徹底した否定、すなわち十字架を回避した結果ではないか。現状維持、とにかく慣れ親しんだ状態に戻りたいとの願い、そして何よりも否定されることへの恐れが、私たちの前進の足枷になっていないだろうか。

絶望できないという課題

　　絶望の姿だけが、その人の本格的な正しい姿勢なのだ。それほど、現代のすべての構造は、破滅的なのだ。

　　日本人の誇りなど、たいしたことではない。フランス人の誇りだって、中国人の誇りだって、そのとおりで、世界の国が、そんな誇りをめちゃめちゃにされたときでなければ、人間は平和を真剣に考えないのではないか。人間が国をしょってあがいているあいだ、平和などくるはずなく、口先とはうらはらで、人間は、平和に耐えきれない動物なのではないか、とさえおもわれてくる[4]。

　「長老の言い伝え」としてのキリスト教や説教を背中に「しょってあがいている」間は、なにものも生まれない。今ここでは生きることが問題なのではなく、コロナを経ても

4　金子光晴『絶望の精神史』講談社文芸文庫、1996年、189〜190頁。

「死ねない」「絶望しない」ことが問題なのだ。死がなければ再生、復活もなかろう。

　老いも若きも自己肯定感を上げることが称揚される現代、否定や絶望というワードは隅に追いやられる。しかしこの安価な自己肯定が、問題をいつまでも温存させていないか。「日本のキリスト教」の「誇りをめちゃめちゃにされたときでなければ、人間は○○を真剣に考えないのではないか」と自問する。3年のコロナ禍は、その契機になりうるだろうか。創造的な「否定の精神」へとつながるだろうか。

　「赤狩り」でアメリカを追われたチャップリンは、その船中で以下のような「幸福」を味わったという。

　　　子供たちは上甲板で遊びに夢中になり、ウーナとわたしはデッキチェアに並んで座った。そしてこのムードの中で、わたしは完璧な幸福という感覚を手にしたのである──それは悲しみにとても近い感覚だった[5]。

　極貧から這い上がった彼が手にした「幸福」は、かつての悲しみの感覚とよく似ていたようだ。対極のもの同士が、実

5　チャールズ・チャップリン『チャップリン自伝　栄光と波瀾の日々』中里京子訳、新潮文庫、2018年、625頁。

は近しい間柄だったと気付くのはまれではない。北極と南極はどちらも凍える場所だし、東と西もそれぞれ進み続ければどこかで出会う。私たちは思いのほか単純で、幸福は幸福、不幸は不幸とそれぞれ一色で染め上げたい。しかしどんなに強迫的に塗りつぶそうともどこかに塗り残しがあり、その塗り残しが次の時代を導くのかもしれない。完璧に見える幸福の中にもどこか不幸の臭気がするし、不幸の中にも幸福の新芽を見出す。「切り倒されても切り株が残る　テレビンの木や樫の木のように　聖なる子孫が切り株となって残る」（イザヤ書6章13節）。「切り株」は終わりを示さない。それは新芽、希望が生まれる土台となる。逆にしっかりと切り倒され、否定されなければ、新芽もなかろう。

　パソコンのディスプレイが青白く私の顔を照らす未明、別れも告げず亡くなった若者、心身の健康を奪われた仲間が思い出される。夥しい犠牲を前に、怒りに任せて不幸の色をたたきつけた日々であったけれども、不思議な塗り残しがあることを私は見出せるだろうか。その塗り残しの場所を、主がいつ教えてくださるのだろうか。

《参考動画》

青山学院職員対象聖書講話・その1（約12分）

2021年9月配信。Keynoteのスライドをi Padの画面収録機能で撮影（以下同様）。編集にはPowerDirectorというソフトを、音楽はArtlistというサービスを使用しました。

青山学院職員対象聖書講話・その2（約12分）

2022年2月配信。前後に入っている相模原キャンパスの場面は、自撮り棒に360度カメラをつけて撮りました。編集・音楽は上に同じ。

青山学院大学礼拝（約24分）

2023年6月30日収録（撮影・編集は宗教センター）。以前の動画に比べて、Keynoteのアニメーションに凝った分、手間がかかりました。

フリーボード使用例（約4分）

フリーボード及びProdrafts上の操作・描画をi Pad上で画面収録したものです。編集・音楽はLumafusionというアプリを使用。

後　　編

金曜日の焦燥

説教に「病む」

　中学から高校にかけて2年ほど新聞配達をしていました。寝坊・遅配・誤配などのミスを重ねては、新聞販売店を営む夫婦にかわるがわる叱られました。やがて大学受験を理由に新聞配達を辞めます。5時起きの生活から解放されてホッとしたのですが、問題はそれからです。なんと「新聞配達の夢」を繰り返し見るようになったのです。いくら探しても配る家が見当たらない。刻々と時間は過ぎ去り、夜が明け、学校に行かねばならない。それなのに自転車の前カゴにはまだ新聞がたくさん……そこで目が覚め、夢だと気付きます。この夢は大学を卒業する頃まで続き、徐々に見なくなりました。あーやっと「悪夢」から解放されたと喜んだのもつかの間、今度は「単位が足りない、卒論提出が間に合わない、事情により大学を初年度からやり直す」という何とも情けない夢を見るようになります。

　牧師になりました。するとここに新たな「悪夢」が加わります。「説教ができない、間に合わない、準備した説教原稿を忘れた。そこでそれを取りに隣の牧師館に走るがいくら走

ってもなぜかすごく遠くてたどり着かない（回し車の中でネズミがひたすら走るイメージ）、礼拝は始まり、会衆は説教前の讃美歌を歌い始める……！」と書いているだけでも胸が苦しくなる夢です。リアルすぎて、目覚めて夢だと分かるのにしばらく時間がかかりました。

　これほど「説教」に追い詰められる自分は少しおかしいのではないか、とも思います。しかし上には上がいるものです。榎本保郎（1925〜77）はある夜、山本牧師の隣の部屋にふすまを隔てて就寝しました。翌朝、榎本が「おはようございます」とふすまを開けて静かに挨拶をすると、正座して聖書を読んでいた山本は緊張して答えました。

　「榎本先生、昨夜はありがとうございました。夜もねずに私にいろいろと教えてくださる先生には全く頭が下がります。あれから私は起きて聖書を読み、自分の説教について反省しているところです」

　なんと榎本は寝言で（それも隣の部屋に聞こえる声量で！）説教をしていたのです。それを山本は自分に向けて説教していると誤解し真面目に聞いていました[1]。

　夢の中で私は説教以前で苦しんでいましたが、さすが榎本、彼は夢の中で説教を語りきっていました。ただ両者共に、説教に囚_{とら}われていることはまちがいありません。これは「説教

1　榎本保郎『ふつか分のパン　ちいろば牧師の告白』聖燈社、1974年、13〜14頁。

について常々考えている」というレベルではありません。説教に捕まり、閉じ込められ、病み、うなされています。いくら考えないようにしてもダメなのです。教会の前の田んぼでカエルが鳴いています。「説教が近いぞー、早く作らんかーケロケロ」と聞こえます。テレビで漫才を見て笑いながら、説教のネタを探しています。このように「はよう説教作らんか」軍団がカエルや漫才師の姿をとり、金曜日あたりからじわじわと近づき、知らぬ間に説教者を包囲します。

余白を失わない

学校の教科書に余白があります。その余白によく落書きをしました。授業内容の補足、自分の考えや疑問なども書き足しました。この書き込みが平面的な教科書を立体的にします。余白とその使用が、匿名性を持つ教科書に個性、創造性を加味していったと言ってもいいでしょう。

もしも教科書に一切余白がなかったらどうでしょう。それがたとえどんなに自分の得意科目であっても、うんざりして読めないのではないでしょうか。余白という全く「無意味」な存在によって、文章という「意味」が下支えされます。無意味性によって意味が成立します。そう考えますと、無意味なものと意味あるものには同じ価値があります。お互いがお互いの必須条件です。

聖書や注解書と何時間格闘しても、繰り返し祈っても、一片のアイデアすら浮かばない日々、時間帯があります。きっとあなたは誠実で真面目です。でもそこまで追い込んでも前

進できないあなたは、どうやら張りつめすぎて余白を失った状態。このままでは周囲に当たり散らすなど、破壊的な行動につながりかねません。

　いかがでしょう、「意味ある仕事」を目指すためにも、余白をつくりませんか。つまり、説教から遠く離れている（とあなたがみなす）営みに目を向けます。「食べたり飲んだり買い物したり、家のことあれこれ、そんな雑事をやってる場合じゃない！」と腹を立てないで。「太陽の下では食べ、飲み、楽しむことよりほかに　人に幸せはない」（コヘレトの言葉8章15節）のですから。「はよう説教作らんか」軍団は、玄関先でちょっと待ってもらいましょう。

　ある時から説教の内容がおかしくなった牧師がいました。以前はそうでもなかったのに、何を言いたいのか分からない説教となっていったのです。どうしたのかな……と思っていた矢先、教会で不祥事を起こしていたことが判明。彼は教会を辞任しました。生活の破綻が不思議なほどに説教の中ににじみ出ていた、と思うのは考えすぎでしょうか。

　日曜日の説教、み言葉によって一週間の土台が形作られると言います。確かにそうでしょう。しかし説教者に関して言えば、一週間の営みのディテールを土台として、その陰影が日曜日の説教に恐ろしいほど現れる、と言ったほうが的確かもしれません。一週間怒り続けると、説教の行間に断罪する響きが（説教者が意識していないまま）漏れ出ます。一週の間に赦しと再生を味わうのなら、説教以前に、表情や立ち居振る舞いから福音の香りが礼拝堂に漂います。

さあ、金曜日からでも遅くはありません。生活上、やり残したことはありませんか。余白をつくりませんか。説教が大切なのと同じくらい、説教以外のことも大切。だって神が慈しむあなたの人生は、説教だけで成り立っているのではないですものね。机から離れ、周囲を見回しましょう。キッチンにたまったお皿を洗いましょうか。ラジオを聞きながら（踊りながら）洗濯も気持ちいい。同居される方がいるのなら、まずはその方とお茶をしたらどうですか。ゲームで遊びますか。同居人は、金曜日あたりからピリピリするあなたを心配しているかもしれません。

　たとえ養育・介護に時間が割かれて説教がまとまりのないものとなったとしても、それを一体だれが非難できるでしょう。あなたは「善いサマリア人」のように「誰か」のために突如計画が変更させられ、あわてふためき（しかも説教の準備もできず）金曜日の夜を迎えるかもしれない。でもその「誰か」の前を通り過ぎ、整えられた説教をそつなく作るであろう「祭司やレビ人」より何倍も美しい。

　説教ができなくても、それを作る時間をどんどん奪われても、それでもきちんと食べ、飲み、生活の質を保とうと歩みをやめない今日が、あなたの語る福音を「下支え」すると信じています。それこそが、いやそれしか説教の土台とはならないのです。

　どうぞ説教のために生活を犠牲にしないでください。そんな痛々しい言葉を私はこれ以上聞きたくありません。そうではなく生活を整える先に、福音の言葉が与えられるのです。

あなたの日常の営みから立ちのぼる「知識の香り」（Ⅱコリント2章14節）を私は共有したい、聴きたいのです。

いつまでも残るもの

教会にふらりとやって来ては私に文句を並べる中年の男性がいました。私が少し厳しい対応をすると、「前の牧師はそんなに冷たくなかったぞ！」と反論します（前任者の牧師と比べられるとズシっと腹にこたえるものです）。私の一番痛いところを突いてくるのがうまい人で、彼と話すと自分の至らなさが際立ちイライラします。教会行事の途中に割り込んで進行を茶化す場面もあり、ずっと腹に据えかねていました。

ある日曜の朝、礼拝直前のことです。

その日は私にとってもとりわけ重要な礼拝でした。

静かに会衆席の最前列に座って祈っていると、受付で騒ぐ声が聞こえます。ふと見ると例の男性ではないですか。受付の女性と何かもめています。その光景を目にした瞬間、我慢してきた私の中で「ぷつり」と何かが切れました。気が付く

と私は男性めがけて走り出していました。私の大切なものを奪われ、ひどく傷つけられた気がして本気で腹を立てたのです。おそらく般若のような顔をしていたと思います。男性は私の顔を見るなり「やべェ！」と思ったか、玄関を出て逃走。ゆるせない私は「待たんかー！」と叫んで追いかけます。相手は年の割には逃げ足

般若の面
（東京国立博物館蔵）

が速く、玄関から100メートルあたりで取り逃がします。私の後を追ってきた教会役員の森さんが言います。「先生、礼拝が始まりますよ（さあ、戻りましょう）」。いつもながらの落ち着いた声でしたが、私はどうにも腹の虫がおさまりません。でも森さんの声とともに、あきらめて鼻息荒く帰ります。会衆はなにごとかと不思議そうに眺めています。そして定刻に礼拝開始。怒りに支配されて福音の喜びを語るなんて……おなかがすごく痛いのに「快調です！」と叫んでいるみたいです。

　あれから20年近くたちます。あの日の礼拝がどれほど大切だったかは覚えているのですが、なぜ大切だったかはもう思い出せません。説教内容も忘れました。思い出すのは、森さんの冷静なのに温もりのある声、私の「言行不一致」説教を聞いてくれた人々の懐かしい顔。みっともない朝でした。けれど私にとって、両手でそっと包み込みたくなるような思い出です。

　浜辺にどんなに立派な砂のお城を作っても、時が経てば、寄せて返す波が跡形もなくそれを消し去ります。残るのは波の音だけ。同じように、最も重要だったはずの礼拝、説教という「意味性」が記憶にとどまるのではありません。それらは時間とともにゆっくり消えていきます。残されるのは下支えする余白、履歴書に記されることもない体験、「先生、礼拝が始まりますよ」の声だけ。ゆるしの記憶、愛という名の「波の音」だけが耳に宿り続けます。

土曜日の憂鬱

　教会に赴任したのが1992年、ちょうどワープロが普及していた時期でした。私もキーボードで説教を打ち込み、フロッピーディスク（懐かしい！）に記録させて印刷、完全原稿で説教に臨んでいたのですが、そこでの問題は「どのタイミングで印刷するか？」でした。説教が金曜あたりにでき上がった場合、余裕をもって当日に臨めるかと思うとそうでもない。土曜日に説教内容が気になって書き直し、再印刷、これが日曜の朝まで続くこともあり、結局土曜日も心休まらなくなります。

　試行錯誤の果て、土曜までに聖書の下調べ、構想をつくり、日曜の朝5時に起きて一気に説教をつくるスタイルに落ち着きました。9時から教会学校が始まりますので、逆算してぎりぎり8時ぐらいまでに完成させるのです（教会と牧師館が同じ場所にあるからこそできる芸当です）。限られた時間内に完成させる、との厳しいミッションを自らに課すことで、「迷い」を断ち切り勢いよく書き上げます。

　日曜の朝日が昇り、静かな夜明け……説教がうまく完成す

る時は淹れたてのコーヒーを片手に至福の時、小鳥のさえずりは天使の歌声かと疑うほどです。一方、自分でも何を言っているのか分からない、破綻した説教の時があります。頑張れば頑張るほど出口が見えなくなる状況です。「誰か代わりに説教してくれー」と呻いていました。頑固なラーメン屋なら「今日のスープは失敗、こんなものお客さんには出せない！」と怒鳴って閉店できるかもしれません。けれど教会はどんなスープであろうと、いやスープがなくても強制開店。まずいスープのラーメンを、恐る恐るカウンターに置くしかありません……ああ、うすーい出汁がバレませんように……。

　説教前日、「土曜日の憂鬱」は説教者が避けられない時間帯です。しかし避けられないからこそ、そこに何か大切なことが隠されています。避けられない必修授業が学問の土台となるように、この「憂鬱」の時間帯が、説教者の足腰を鍛えます。

緊張

　かつて「説教時、足の震えたことのない説教者を信じることはできない」との言葉を読んだことがあります。説教時どころか、この緊張は説教前、金曜、土曜から発動します。いや正確にはすでに月曜あたりから緊張の種は蒔かれ、土曜に向けて大きく生い茂ります。とりわけ若い牧師、まだ経験の浅い伝道者はなおさらでしょう。でも、どうぞご安心ください。いくつになっても緊張は襲います。だってそうでしょう。「神の言葉」を取り次ぐのですから。私は40代まで説教

後、日曜の昼食が喉をまともに通りませんでした。色々と理由をつけては会食を辞し、一人牧師室にこもる時すらありました。説教を終えて緊張が一気に解けた途端、うまく話せなかったことへの後悔に包まれ、胃がキリキリと痛んでいたのです。みんな笑っているけれど、本心では私の説教を「ダメだなあ」と笑っているのではないか。日曜の午後、会衆が全員帰ってもこの思いが消えません。これほど頑張っているのに、誰一人この苦しみを知るわけもない。この痛みと感情はやがてやり場のない怒りとして沈殿します。それほどまでに「緊張」の影響は大きかったのです。

自分以外にはなれない

ほどほどの緊張が集中力やパフォーマンスを上げることはスポーツ界でも実証されています。けれど毎週緊張によって胃が痛み、怒りと憎しみが生まれるとなると行き過ぎです。この度を越した緊張は、どこから生まれてくるのか探ってみると、どうやら「自分を大きく見せたい」との思いが原因のようです。持っている能力以上のパフォーマンスをしたい、と願う。「自分以外の者」になろうとする気持ちが緊張、プレッシャー、病（胃の痛み）、怒りを生み出していた気がします。

仮に高性能の最新スマホを手にしたとしましょう。けれどその性能を十分に使い切る能力が私になければ、スマホ本来の力は発揮されません。同じように聖書は無限の豊かさを持っています。しかしそれを語る「人間の器」以上にはその豊

かさは開示されません。それなのに強引に器以上の内容を盛ろうとするなら、心身に危険な負荷がかかることは明らかです。もちろん聖霊の力は偉大です。しかし聖霊は私たちの実力を瞬時に2、3倍増しにして、あなたの妄想を実現させる魔法のブースター、「○○増強剤」の類ではありません。それは私たちの傲慢さ、偏見を打ち砕き、挫折を通してすら働かれる、想定外の導き手です[1]。

　ある一泊の集会がありました。和やかに夜を迎え、同僚とビールを部屋で飲んでいたところ、温厚で、多くの人から尊敬されていた牧師が部屋を訪れました。彼も珍しく飲みたいということなので、ビールをコップにつぎます。ただ2、3杯飲んだところで、徐々に言動が怪しくなってきて……うつむいて泣き始めました。

　「私だって精一杯やってるんだっ！　頑張ってるんだっ！（シクシク）」
　「分かります、分かります（首を大きく縦に振ってなだめる）」
　「えー？　何で分かるんだ？　嘘を言うな！　牧師は嘘をついてはいけない！」

1　使徒16章6〜10節参照。アジア州に行く夢の実現の後押しとして、使徒たちは聖霊の力を乞い願ったことだろう。しかし聖霊はそれを退け「御心」の計画を示す。パウロたちは受け入れるが、それは人間パウロの「敗北」に他ならない。

「ご、ごめんなさい！（仕方なくビールを注ぐ）」

「私が、信徒の期待に応え、どれだけ犠牲を払っているか誰も分かってくれない……（シクシク）」

「いや、そんなことないですよ」

「こら、きれいごとを言うな！　だから牧師は嫌いだっ！」

「はァ……」

　人々の期待を内面化し、いい牧師になろうと懸命に過ごしてきた日々、誰にも聞いてもらえなかった「痛み」がようやくその姿を現した夜でした。彼の愚痴は、私の隠された本音でした。

　「不幸なことには、天使のまねをしようとおもうと、獣になってしまう」のでしょうか[2]。「天使」つまり周囲が期待する人物像を目指すことで、私たちは「獣」、悪魔になりかねないのです。本当は弱く傷つきやすいのに「男らしさ」を演じる青年、いい子じゃないのに「いい子」になろうとする、またはそのふりをする子ども。本当は静かに一人で過ごすことが好きなのに、アクティブな毎日を自分に課し続ける壮年、それぞれ自分以外の者になろうと無理を重ねて「装い」緊張する。そして傷つき、怒り、憎み、暴力的になります。

2　パスカル『パンセ』前田陽一、由木康訳、中公文庫、2018年（初版1973年）、255頁。

「いなくなった息子」（ルカ15章）は、自分以外の者になろう（強く立派で成功し、尊敬される人間になりたかった？）と家出しました。いやいつだって「自分以外の者になろう」との挑戦が、家出なのです。成功する時もあります。失敗する時もあります。息子は後者でした。夢や計画すべて打ち砕かれ家に帰ったのです。彼に残されたのはただ一つ、「父の子ども」という事実だけ。たくさん無駄遣いして、遠回りに遠回りを重ねて、自分は愛されている子どもだという最も大切な事実に、ようやくたどり着いた一文無しでした。

　土曜の夜に緊張する私たちも同じです。あなたは立派な伝道者、力強い説教者、人々の視線を集めるリーダーでありたかった。でも神が福音を語るあなたに求めているのはそこじゃない。それはただ一つ、「あなたがあなたである」ことです。すなわち、あなたが「神に愛された子ども」という事実だけです。理想の自分になれなかったあなたを、遠くから駆け寄って抱きしめてくれた神。その神から「口づけ」（ルカ15章20節、新改訳2017）された「一文無し」の感想を、ぜひ、明日の朝に聞かせてください。

アドボケーター
　大学内で選抜を要する面接の際、必ず私がする質問があります。
　「高等教育という特権を受け、やがてこの世界にあなたは旅立ちます。その時、あなたは誰のアドボケーター（代弁者）

となりたいですか。声を上げたくても上げられない、どんな人々の口となって声を上げ、主張し、働きたいですか？」たとえ志願者が答えられなくても、この問いを覚えておいてほしい、そう願って聞きます。

　理由があります。ある女性がいました。イエスさまが大好きで、伝道熱心、けれど心身の不調で思うように心と体が動きません。ベッドで寝込む日が続きます。その彼女から、ある時、言われたのです。「先生は、いいわね。元気で」。

　前後の文脈から察すれば複雑な感情の入り混じった一言でした。教会の鐘の音が余韻を保つように、その言葉が以下のように響いてきます……いいね、先生は恵まれて。周囲の環境も整えられて。愛されて。私も本当はあなたのように伝道し、活躍したかったよ。けれどできなかった……だから、私の代わりに語り続けて、私の行きたかったところに行って「神の愛」を伝えて。

　このような体験は少なくありませんでした。そのたびごとに私は一人ひとりからお手紙を託された気持ちになりました。その見えない手紙の内容を大きな声で読み上げるように、説教してきた気もします。あの人この人から「耳打ちされたことを屋根の上で言い広め」（マタイ10章27節）てきたのでしょうか。

　人は自分の書いた手紙なら簡単に破り捨てられます。けれど他人から託された手紙となるとそうはいきません。その人が言いたくても言えなかった想い、私が語らなければ忘れら

れてしまうであろう人々の権利、喜び、涙、そして福音。出会った人々を通して神さまがあなたに「耳打ちされた」手紙の数々を、土曜の夜に読み返します。

　鈴木牧師（33頁）もアドボケーターでした。彼は膵臓癌の肝臓転移によって56歳で亡くなりますがその半月前、病床から全国の教会員に向けたメッセージを録音します。

　　かれらが戦死する前に言いたくてもどうしても言えない一つのことがあった。つまり日本の国は間違った、教会も間違った、神と隣人とに赦しを願う、そしてすべてが新しくなるように、新しい教会となって新しい社会を作るように、という言葉だけは公に言えなかったと思います。わたくしは二十何年生き残ったことによって、その彼らが、少なくともキリスト者である彼らが，ほんとうに言えなかった言葉を公に言ったあげく、彼らの後からくっついて行くのだ、そのことにおいてわたくしは何か一つの務めを主によって果たせられたのではないかと、こういう気がしているわけです[3]。（1969年6月30日）

　夜も更けてきました。聖書の言葉、そして神が人々を通して託されたメッセージを、今度はあなたがアドボケーターと

3　『鈴木正久著作集　第四巻』328〜329頁。

して語る明日がやってきます[4]。

日曜日の混乱

つながる私

さあ、礼拝の時間です。もう逃げられません。聖書朗読、祈祷、讃美歌も終わり、いよいよ説教壇に立ちます。

以前、100年以上の歴史を持つある教会に招かれて説教をしました。高い説教壇から会衆席を見下ろすと、ざっと150名ぐらいはいるでしょうか。赤ちゃんから老人、日本語ネイティブの人や学習中の人、元気な人に病を持った人、多様な人々のまなざしが私に注がれ、今までにない緊張を感じ、しばらくうつむいてしまいます。すると視線を落とした先に、不思議なものがありました。

木製の踏み台です。一段昇ることでマイクの位置と説教者の口が合うように据えられる、多くの説教壇に備えられているただの踏み台。その中央部分が足の動きに沿って楕円形に削れているのです。この踏み台がいったい何年使われているのか分かりません。しかし、毎回この踏み台に上る説教者の不規則な前後左右の重心移動が、台の表面を少しずつ削って

いたのでしょう。時を重ねて削り取られたその場所に、私もそっと足を重ねた朝でした。

説教中、時々踏み台に目を落とします。のべ何百人という説教者の力強さと同時に戸惑い、恐れ、迷いをすべて受け止めて形作られたであろう唯一無二の踏み台。「私が『足がよろめく』と言ったとき」「あなたの慈しみが私を支え」(詩編94編18節) てくれたことを物語る確かな証拠の品。色を塗り重ねた油絵のように、多くの伝道者の足で彫り込んだ合同作品が、私に語り掛けます。

「あなたは、一人ではない」

説教とは、一話読み切りの短編ではありません。先週、先々週からの続き、いやキリスト教2000年の歴史を受け止めつつ、いやいや天地創造の昔から、「週末」ではなく「終末」の日まで最終回が来ない神の連続ドラマ。そしてその一話、一話を担う説教者たちも、場面ごとに重荷を担いながら語ってきたのだ、ということを削れた踏み台は教えてくれました。多くの伝道者と(空間のみならず時間軸で)しっかり手をつなぎ、連帯しています。

自信がないなら、ないなりの説教を

自信のない説教の時ほど、カラ元気を出したくなるものでした。せめて表面だけでも元気な姿を見せて、皆さんにも元気になってほしい(ついでにダメな説教をごまかしたい)との願いです。まずい料理で申し訳ないので、せめて雰囲気だけでも明るくしようとする料理人です(客をサービスで喜ばせ

たところで料理の味は1ミリも変わらないのに）。これは説教後にも続きます。すっからかんの説教を聞いて帰宅させるのは申し訳ない、と思っていつもより愛想よく振る舞ったりする私です。そしてみんなが帰った後、ドーンと疲れ、誰にも見せられない暗い顔で自室に引きこもります。柏木義円（3頁）も繰り返しこれで苦しみました。彼が日曜の夜に書いたであろう日記です。

　　　予ノ話ハ弾丸ナキ空砲也[1]
　　　　　　　　　　　　（1907［明治40］年7月7日）
　　　用意不十分、折角ノ来会者ヲシテ失望セシメタル
　　ナルベシ[2]　　　　（1910［明治43］年12月4日）
　　　祈リモ力ナシ、説教モ力ナク態度モ謙遜ナラズ、
　　浮イテ居タリ、来会者ヲ空シクセシト感ズル事切ナ
　　リ[3]　　　　　　　（1923［大正12］年1月28日）

　彼の肩を抱いて一緒に泣きたい気分になります。ああ、せっかく忙しい合間を縫って礼拝に来ていただいたのに、何も与えることができず「空シク」帰らせたのではないか、との悔い。一人の信徒がある牧師の説教を聞いてカンカンに怒っ

1　『柏木義円日記』43頁。

2　『柏木義円日記』87頁。

3　『柏木義円日記』289頁。

ていたと伝え聴きました。彼女はこう叫んだそうです。「こんな話聞かされるぐらいなら、家で洗濯しとった方がましだわ！」自分のことを言われているようで笑えませんでした。

　日曜の夕暮れ、それは説教者が解放される最も自由な時間帯だったはずです。しかし光の届かぬ深海に、たった一人でゆらゆら漂っている私です。主の復活を喜ぶ日曜日なのに、「魚の腹の中」（ヨナ書2章2節）にいます。

　でも自信のない時ムリに明るく振る舞ったり、愛想よくする必要はないかもしれませんね。と言いますか不自然な感情表現はむしろ伝達を妨げます。ある独裁国家、国営テレビのアナウンサーはこれでもかと感情を込めて叫ぶように語り掛けます。しかし聞く側は感情を込められれば込められるほど距離を感じ、冷めてしまい、恐れすら感じます。逆に歌詞の意味もまだ分からないであろう教会学校の子どもたちが、合唱をします。「子どもの歌か」と油断すると不意を突かれ、魂が揺さぶられ、涙が溢れる時があります。大切なのは説教者が言葉に感情を込められるかどうかではありません。聴衆の神と隣人への感情が引き出されるかどうかです。ある程度の感情表現は自然ですが、度を越えると聞き手は引いてしまいます。

　多くの説教者が経験することですが、「いい説教だ」と自分で内心思ったことが実は勘違いだったりします。逆に「これはダメだ」と思った説教が、図らずも人々を励ましている時があります。どうやら「説教に対する自己分析」は思いのほかあてにならないようです。むしろ「自信」「情熱」が悪

さをすることの方が多いかもしれません。

　学生時代「民俗舞踊同好会」に所属し、伝承された踊りを地元の人に習うために車で新潟に行きました。私は踊りが好きというより、コーチの近藤先生がおいしいものを食べさせてくれるのでそれにつられて同行する程度の学生でした。同乗した先輩は大変熱心な方で、私のような者がご一緒するのが申し訳ないほどでした。

　初めての新潟は雪が残っています。東京である程度振り付けは習っていましたので、地元の方々と早速踊りを合わせます。すると地元の代表の方が私の踊りをとても褒めるのです。理由を聞くと「うまく見せようとしないのがいい！」と。その通りでした。やる気はなく、仕方なくやっているのですもの。でもそのやる気のない、力が抜けているところに、「私らしさ」が出ていたのです。

　高校の頃、選択クラスで美術を取りたかったのですが書道に回されました。いやいや授業を受けながら、こちらもモチベーション・ゼロのまま「夢」という字を適当にサラっと書いたのです。すると巡回してきた書道の指導者（空手の有段者、しかも授業中もサングラスをかけており、とにかく謎が多くて怖かった）が低い声でボソッと言いました。「塩谷。うまい……これは入選するっ」。あとにも先にも字が褒められた唯一の体験です。しかし彼はそのあと予言しました。「でも、名前で失敗するっ」。なにくそ、きれいに書いてやると必死に書きました。けれど自分で見ても案の定、下手な名前。そ

の後何度も書き続けましたが、どんどん字は崩れていきました。

　やる気満々、キレのある踊りや美しい字を見せたい、そしていい説教を語りたい、どれも素朴な願いです。しかし、その思いが軸になると逆に大切な部分が崩れかねません。周りに自分をどう見せるか、が中心となるからでしょうか。説教に関して言えば、そもそも神と私との対話を土台としてそれは生み出されるものではなかったでしょうか。世界でただ一人のユニークなあなたに語り掛けられた「神の言葉」、あなたにしか分からない「恵み」からスタートすべきものが、「どう見られるか」から出発するならば「その人らしさ」は消えます。「うまくやろう」「失敗してはいけない」と思い込むほどに無色透明な「セッキョー」になります。「やる気」「情熱」「聴衆からの評価」は大切ですが、そこに焦点が定まると踊りも書道も説教も壊れます。もちろんやる気ゼロも問題ですが、どうしてもやる気の出ない日曜の朝だってありますよ……それはそれで偽らず、「そういう日もありますね、イエスさま」と告白し、イエスさまと2人だけの秘密にして説教壇に立ちます。

　「やる気や情熱」を絶対化しない。その意味で、説教とはあなたの「仕事」です。仕事とはやる気に振り回されず、定時にこなすものです。運転士は前夜に失恋しても、夜も明けきらない定時に始発列車を動かします。仕事だからです。歌手は直前に酷評されても、とりあえずその気持ちを封印して舞台に立って歌います。これも仕事だからです。説教も同じ。

さあ、やる気がなくても説教壇に上がりなさい。語りなさい。「時が良くても悪くても、それを続けなさい」（Ⅱテモテ4章2節）。

説教者は褒め言葉に弱い

　説教後、「いい説教でした」と言われて悪い気はしません。むしろ、そう言われたい、と願って説教をつくることもしばしばです。しかしある時、小学生から「今日はなかなかいい説教でしたね！」と言われ、「？」と思いました。良い悪い、との評価は教師と生徒の関係、上から下への言葉であると気付いたのです。さて説教とは上から下に、それこそ上から目線で採点されるものなのでしょうか。もしも採点されるなら、採点基準は何なのでしょうか。

　そもそも「褒める」行為には、相手を喜ばせ、自分の思い通りにコントロールしようとする意図があります。仮に説教者が9月2日の説教で高い評価を得たとしましょう。しかし9日の説教は無視もしくは批判されました。このような「上げたり下げたり」が繰り返されると、説教者は自然と9月2日スタイルの説教へと誘導されます。聴衆も悪気はないのでしょうが、そのような意図をもって評価する人がいないわけではないのです。説教は今を生きる聴衆からのニーズに敏感でなければなりません。しかしそれは聴衆の求めにすべて応じ、結果として会衆からコントロールされることではないのです。ニーズを把握しながら、聖書の言葉に立ってどう対峙するのかが問われます。私たち説教者は褒め言葉に弱いので

す。しかし「褒められる」行為によって説教者が動かされ始めると、言葉自体の力、オリジナリティがなくなり「耳触りのよい話」（Ⅱテモテ4章3節）へと流され、自滅しかねません。あなたも私も、ここは踏ん張りどころです。

一方「褒められもしないが批判もされない」という場面もあります。最初は「ダメ出し」があったが、だんだんそれもなくなる。説教に慣れ、落ち着きも生まれてきたということで「うまくなった」と思いたいところですが、それもまた落とし穴のようです。

〔六代目中村歌右衛門の〕楽屋に終演後、毎日、ダメ出しを聞くためにうかがいました。
　公演の中日近くになると、ダメ出しが少なくなってくるんです。「少しは形になってきたのかな」と思いますでしょう？
　千秋楽の日、「お疲れ様」と手招きするんですよ。［……］「昭暁（てるあき）ちゃん」と私の本名を呼んで「役者ってのはね、だんだんうまくなるんじゃなくて、だんだん下手になるのよ。お疲れさん」。自分が「うまくなった」と思うのは、慣れからくる錯覚だ、ということなんですよね[4]。

4 「語る　人生の贈りもの　9　役者とは　おじさんたちの教え　松本

説教が「うまくなった」と思い始めるのも錯覚でしょう。上達すれば目も肥える。目も肥えれば、小さなミスも見逃すはずがない。その結果、自己評価も下がり「下手だなあ」と思わされる。そう考えると時と共に「下手になる」と意識させられるのは、自然かもしれません。「褒め言葉」にも冷静に、「ダメ出し」が聞こえなくても驕らずに。

　ただ「褒める、ダメ出し、それ以前に、聴衆がぐっすり寝てました」という日曜もあります。いや、これもつらい。牧師殺すにゃ刃物はいらぬ説教聴かずに寝ればいい、とは本当です。だけど中森幾之進牧師（1904〜81）は「眠れる信徒」に苦しめられていた後輩にこうアドバイスしています。「牧師の説教で居眠りができるくらいが心が癒されるものですよ[5]」。

白鷗」朝日新聞、2023年10月5日朝刊、27面。
5　芳賀慶治「神学生として貴重な3年間」『浅草北部教会　創立90周年記念誌』日本基督教団浅草北部教会、2011年、36頁。芳賀はこのアドバイスを受けた直後「中森先生はご自身の説教には可なり自信がおありだったようです」と記す。中森が「眠らせない説教」に自信ありとなれば、そのアドバイスも額面通りには受け取れない。ちなみに筆者（塩谷）は聴衆側で説教を聞いている時に眠ることはほぼない。その際、独特のリズムで頭を揺らす「眠れる信徒」が隣にいると、愛しい気持ちになる。「癒される」姿、天の父のふところで眠る「幼子」（詩編131編2節）を連想するからか。それでいて自分の説

冗談だと片づけられません。だって「主は愛する者には眠りをお与えになるのだから」（詩編127編2節）。怠惰な眠りもあります（箴言19章15節）、逃避の眠りもありますし（ルカ22章45節）、説教が長すぎて眠る人もいます（使徒20章9節）。けれど「ここは安心できる場所だ。神さまのふところだ」と体が理解し、ようやく眠りに落ちる人だっていないわけではない（詩編4編9節）。眠りの中で神さまの言葉を聞いている可能性だってゼロとは言い切れない（創世記28章12節）。

　とりあえず今日のところは中森の言葉を信じ、休みましょうか。

　では、また明日。

教時「眠れる信徒」がいればやる気が失せる。この矛盾。

月曜日の復活

　イエスのごとく金曜日に十字架にかかり、日曜の朝に復活できれば幸いです。しかし説教者には時間のずれがあるようです。語る者は説教当日、日曜日に十字架にかかり、月曜、火曜と徐々に復活することが少なくないのです。

「いい説教」とは

　「なんでいい説教ができないのだろうか」とあなたはベッドに転がり天井を見つめています。悩むぐらいなら次回の説教準備をサッサとはじめればいいのですがその気力さえ湧かず、自分を責め続けます。どんな気晴らしも肝心の「いい説教」への道筋が与えられない限りすべて対症療法、ごまかしに過ぎないと知っています。そう思うあなたはいい伝道者です。それなのに、いい説教はできません。しばらく一人になりたい気分です。

　そんな時間に申し訳ないのですが、あらためて問います。「いい説教」とは何でしょうか。それって人々を感動させる説教？　「悔い改め」へと導く説教？　それともキリスト教の教義をバランスよく語れる説教？

小学生の頃、チコという柴犬を飼っていました。飼い主に似て落ち着きのない子でした。時おり広場で、やわらかいボールを遠くに投げ、それを拾ってくるよう命じます。でもこれが苦手でした。全速力でボールに追いつき、それをくわえるまではいいのですが、その際チコはいつも何か新しいものを発見してしまうのです。

　「チコ、戻ってこい！」何度も呼びかけます。でも一度「発見」すると彼女はボールをくわえたまま挙動不審になります。そしていきなりスイッチが入り、全速力で「発見」に向かって突進、消えていきました。

　どれほど彼女を追いかけ探し回ったことでしょう。へとへとになってようやく捕まえ、そのたびに叱るのですが、さんざん飛び回った彼女の目はいつもキラキラしていました。
　忠犬だったらボールをくわえてすみやかに戻ってきたはずです。受け取ったボールを再び投げても繰り返しそれを持っ

てくる。この閉じられた円環の中で2人きりの遊びが続きます。忠犬は何を想うか分かりませんが、飼い主は満足です。しかしチコはこれができませんでした。この円環をいつも勝手に打ち破り、ボールをきっかけに小さな冒険に旅立つのです。私は疲れました。けれどチコは楽しそうでした。

　説教者は言葉という「ボール」を用い、ある意図をもって特定の場所にボールを投げ込みます。明快な内容であれば聴衆は間違いなくそのボールのもとに集まることでしょう。そして聴衆の一人はそのボールをあなたのもとに持ってきます。「あなたの言いたいことがよく伝わりました。○○ということですね。ワンワン」。その人は説教内容をほぼ間違いなく復唱します。投げたボールがそのまま帰ってきた、つまり主張が過不足なく伝わっていたことが分かり説教者は安堵します。ただ……これでお互い楽しいのでしょうか？　何よりもこれが「いい説教」なのでしょうか。そこで満たされるのは、説教者の自意識だけではないでしょうか。

　「イエスとサマリアの女」（ヨハネ4章）の出会いは、神の言葉の伝達プロセスを教えてくれます。彼女はイエスの言葉を復唱し、「いい説教でした」とイエスにフィードバックしません。むしろイエスの言葉（ボール）を通して新世界を発見、そのまま旅立ち、図らずも伝道者となります。イエスと出会うまでは「飲んでも渇く水」が優先順位の一位でした。けれどイエスのボールで「決して渇かない水」を発見した以上、もう後戻りはできません。新世界への冒険が始まらないわけがないのです。その証拠に彼女はあの大切な「水がめ」

を置きっぱなしでその場を去ります（28節）。それは「飲んでも渇く水」を探す人生の終了を意味します（そういえばチコも途中でボールへの関心を失い、道ばたに落としてました。優先順位が変更されたのです）。

「いい説教」がもしあるとしたら、私はこれだと思います。聴衆に内容を復唱させ好意的なフィードバックが得られる説教ではなく、聴衆に「行き先」を気づかせ、早々に旅立たせる説教こそが大切なのです。そう考えますと、いい説教を聞いた時、聴衆のあなたへのレスポンスは「いい説教でした」ではありません。それは「行ってきます！」のはず。いや、その発見がリアルであればあるほど、その人は別れの挨拶すら時間が惜しく、足早に立ち去っていくことでしょう。だから説教者は説教の後に、こう祈るのです。

「行ってらっしゃい。主があらゆる災いからあなたを守り、あなたの魂を守ってくださるように！」

説教者は、人々の旅立ちを後ろから見送る者です。そして見送られる者は、安易に振り返ってはいけないのです（ルカ9章62節）。一生懸命準備して話しても、聴衆から目立った反応はないかもしれません。けれどそれが「ダメな説教」の結果だと、私は決して思いません。あなたは今日、へとへとの月曜日かもしれない。けれど今週、聴衆の目は、旅先で輝いているかもしれないのです。良い説教ほど、価値ある

出会いほど、慌ただしい別れを引き起こすのです。

聴衆は無菌状態にいるのではない

　正確な伝達を求めて説教原稿のコピーを聴衆に渡す、ということも起こります。しかしそれでも過不足なく伝わったとは言えません。説教「A」を限りなく正確に聴衆に伝えたとしても、相手の心の中では最低でも「A′」ぐらいには変形するはずです。それだけではありません。聴衆は無菌状態の中、説教の言葉のみから影響を受けているわけではないのです。説教者は分かりやすい話を目指すあまり、人生の問題を$y=3x+5$ぐらいの式に単純化しがちです。そしてxの値を明示すれば、同じ答え（y値）にすべての人を導けると企てますが、そもそも聴衆はすでにたくさんの変数を含んだ複雑な式の中を生きているのです。a) 体験、b) 性格、c) 年齢、d) 今の悩み、e) 天気、f) 体調……という「変数」で成り立つ込み入った計算式に各自が最新のデータを入力、その上で日曜の朝、説教者からxを受け取るにすぎません。最終的にはじき出されるy値は、人の数だけ異なります。説教を通して多種多様なものが呼び起こされ、刺激し合い、新たな「説教」が各人の中で成長します。

　サムエル記下12章「ナタンの説教」はダビデに向けられた言葉です。ナタンはほかの誰でもないダビデの中の公式に向けx値を入力します。一方ダビデは彼が持つ多くの変数の中の一つとしてナタンの説教を取り込み、時とともに深め、新しい解をはじき出します。それが詩編51編ではないでし

ょうか。ナタンの説教は古代の権力者に向けられた時代性、個別性の強いメッセージでした。しかしダビデはそれを自らの多彩な変数によって、普遍性を持った福音への招きの言葉にしたのです。その意味で、説教は語って終わりではありません。聴衆の胸の中に落ち、刻々と入力される最新の変数に揉まれて、普遍性を備えた真の説教へと成長します[1]。

　説教者は「問いを与え、その問いに自分で答える」説教をやりがちです。話す側がシナリオを決め、（刑事ドラマのように）時間内で問題を解決させます。それは説教者の一人芝居といってもいいでしょう。しかしナタンの説教は「聞き終わって新しい問いが生まれ、いつの日にか答えが与えられることを信じさせ、そのプロセスを通して人生を根本から問い直す」祈りに結実しました。それは時間内に終わらない説教です。説教者のシナリオに従わせるのではなく、聞き手のユニークなドラマの開始を信じ、委ねる行為です。

　聴衆の変数を信頼し、自らのシナリオに固執せず、メッセージを手渡しましょう。昨日の説教がうまく伝わったかどうかを、早急に今週求める必要はありません。

1　詩編51編はダビデの作ではない、との立場もあろう。しかしイスラエル共同体がナタンの説教を、自らの変数を加えて展開し普遍化した点においては変わりない。

愚痴を「物語」に昇華させる

　1989年、神学生として初の夏期伝道実習を1か月半、鹿児島教会で受けました。その最終日、教会でささやかなお別れ会が開かれました。同年代の信徒が、マイクを握って私に「別れの言葉」を語ってくれます。中身の濃い夏を共に過ごした信仰の友は、どんな感動的なメッセージをくれるのかと期待しました。すると開口一番、「塩谷神学生は……愚痴っぽいんですよねェ！」

　散発的な笑い声が会場に響きます。そうか、私は自分では我慢強いと思っていたが、無意識に愚痴がダダ洩れしていたのだな。恥ずかしいというよりも、ああ人間の素性というのは隠せないと感じた次第です。

　居酒屋では老いも若きもほろ酔いかげんで愚痴を言い合い、悪口を肴にしています。「みっともない、文句は本人に直接言いなさい」なんて野暮なことは言いません。こうやって腹の中を信頼する相手にぶちまけ、共有、共感、傾聴し合うことで私たちはリセットし、どうにか明日の朝も微笑んで出勤するのですから。

　ただ、伝道者はここで終わるわけにはいきません。愚痴、不満、悪口をすべて吐き出し共有した後に、それらを聖書の救いの物語の文脈で冷静にとらえ直し、変換、再創造しなければなりません。点（愚痴）を線（物語）にするのです。家族がお金をなくして大騒ぎになり、日ごろから整理整頓ができていないからだと相手を責めたてて夜を迎えます。普通なら「済んだことは仕方ない。寝よう」で終わるかもしれない。

けれど伝道者はその事件を（どんなに時間がかかっても）神学的に再解釈し、希望の物語へとつなげることが求められます[2]。

　クレオパたちは愚痴をつぶやきながらせめて「居酒屋エマオ（？）」で一杯やろうと考え、しょぼくれて歩いていました（ルカ24章）。そこにイエス登場、クレオパの愚痴をしっかり聴いてくださいました。そして聴く（共感）だけに終わらず、聖書を用いて出来事を胸躍る物語に練り直し（25〜27節）、クレオパたちの「嘆きを踊りに変え」（詩編30編12節）たのです。一緒に会食した「家」（ルカ24章29節）、すなわちクレオパたちにとっての「居酒屋」は、その店名を「恐れと涙」から「喜びと笑い」に変えたことでしょう。

　私たちの「居酒屋」の看板も、あなたの紡ぎだす物語によって変えられます。その神学的作業が、伝道者の手にゆだねられます。

不条理を安易に「物語」に還元しない

　同時にすべての苦しみを神の物語に還元するというのも無理な話です。いや、日常のすべてを意味づけ、理解し、解決しようとする行為は危険ですらあります。

　桐野仁さん（仮名）の妻は心を病み自死、その後ひとり息

2　ルカ15章8節参照。なくしたお金を捜すとはこの「女」になりきるということだ。きわめて神学的な実践、黙想の時ではなかろうか。

子も自死で失います。彼は妻と子の生きた証<ruby>証<rt>あか</rt></ruby>しを位置づける思いで、自死遺族の集まる分かち合いの会に出席、「話すこと」は人の生きる力を引き出すと気付き、積極的に自身の体験を語り、悲しみを整理しつつ日常生活を取り戻します。

　しかししばらくすると故人を自分のストーリーに都合よくはめ込んでしまったんじゃないか、と思い始めます。故人が本当は何を考えていたかは絶対に分からないのに、自分にとって都合のよい恣意的な物語をつくれるのか。家族の自死という出来事はそもそも納得のしようがない、遺族が願ったように解釈できるものでもない、と考えるようになったのです。

　この事例を報告する心理士の筧智子は以下のようにまとめます。

　　　出来事の整理や意味づけを拙速に急がず、物語化
　　も求めずに抱え続けるあり方もまた、今を生きる自
　　己である。悲嘆に苦しむ人々、無念の内に亡くなっ
　　た人々、お互いがお互いのことをこの先「分かる」
　　ことはなくても、違いを違いのまま、傷もそのまま
　　に分かち持つ中で新たな一歩を踏み出せるようにな
　　る可能性を桐野さんの事例は示している[3]。

3　筧智子「自死遺族における『物語の意味』に関する一考察」『自殺
　予防と危機介入』第42巻1号、2022年、52頁。

ヨブも苦しみの物語化を友人たちに求めていたのではないのです。むしろ傷をそのまま、不条理を不条理として受け止めてほしかったのでしょう。しかし友人たちは現実を因果応報という物語に枠づけ、意味づけ、そこに至らないヨブを非難します。彼らの紡ぐ「恣意的な」物語を聞かされ続けたヨブは抗議します。「あなたがたは皆、慰める振りをして苦しめる」（ヨブ記16章2節）と。

　解決してはいけない苦しみが、意外と身近にあります。日々の営みに苦しみを織り込み、開いた傷口のまま歩み続けるいのちもあると、桐野さんそしてヨブが教えてくれます。それを忘れると説教は「慰める振りをして苦しめる」行為に堕ちるのでしょう。聖書による人生の物語化、再解釈の力を信じつつも、それを常時発動させない慎みが私たちに与えられますように。

火・水・木曜日の道草

辞める前に

　牧師として働き始めて3年目あたりから、「辞めようか」という気持ちが不定期に平日の私の心を襲っていました。辞めて何かがしたい、というわけではないのです。30歳を過ぎたばかりで元気盛り、みなぎる力を発揮するぞと励むのですが空回り。懸命に説教を準備しても相手に届いている手ごたえなし。礼拝出席者は6〜7名で変わらない、説教が始まれば数秒で「眠れる信徒」誕生。平日に行う聖書研究会も力を入れますが参加者は0〜3名。

　覚悟はしていましたが、「自分は必要とされていない。私がいてもいなくても何も変わらない。それなのに居続けることが耐えられない」との思いが影のように背後に付きまといます。1990年代中頃、名古屋の町中を平日に歩けば、充実して働いていそうな同年代とすれ違います。その姿が、なかなかまぶしく映りました。

　礼拝にYさんという30代の男性がやってきました。トヨタ自動車の期間工として東京から来た、とのことです。余計な

ことは一切言わない人でしたが、ほぼ毎回やってきます。メッセージが伝わっているのかどうか不安で、礼拝後にそれとなく聞くのですが「ありがとうございます」と言うだけで反応の薄い人でした。いつも礼拝が始まる20〜30分前から静かに一人で礼拝堂に座っています。考え事をしているのか祈っているのか、人を寄せ付けない雰囲気でした。

　程なく、私は説教を作る時自然とYさんの顔を思い浮かべるようになりました。「東京から一人で来て工場の勤務明けで礼拝に来るYさん、素性を一切語ろうとしない作業服姿のYさん、彼に届く言葉とは何だろう？」と問いながらキーボードを叩いていました。しかしそのYさんがある日を境にぷっつり礼拝に来なくなります。人づてに「別の工場に移った」と聞きました。別れも告げずに去られたことに気落ちしました。でも不思議です。彼と別れて気付いたのです。「辞めたい」という気持ちが過去のものとなっていた、ということを[1]。

　結局、辞めることなく教会の牧師を16年続けました。その後、非常勤講師として出入りしていた大学から声がかかり、次は大学チャプレンとしての務めが始まります。大きな組織の中で時間に追われながら「キリスト教概論」の授業をこな

1　塩谷直也「惜しまず豊かに蒔く人は（一）」『忘れ物のぬくもり　聖書に学ぶ日々』女子パウロ会、2007年、163〜167頁。

します。40代半ばで入った新しい職場、簡単に慣れるものではありません。徐々に燃え尽きそうになります。「教会の牧師」としての働きが懐かしく思い出され、大学に来て良かったのか……再び「辞めようか」との感情が襲います。

　そんな折、「キリスト教概論」を受講していた卒業生から「面談したい」とのメールがきましたので、数日後に会う約束をしました。約束の日時、彼女は私の研究室に笑顔でやってきます。そういえば在学中もいつも笑顔で困難を乗り切る頑張り屋さんでした。さて何の報告かしらと向き合った途端、彼女は泣き始めました。今まで我慢していたものを一気に吐き出すように。そして泣き止んでは再び泣く、その涙と涙の合間に「兄と父親が不幸な事故に巻き込まれ、ともに亡くなった」と話してくれました。どうも2人の葬儀を済ませて研究室に来たようです。私は慰めようもなく、ただ一緒に祈りました。

　会話らしい会話はできませんでした。30分ほどで落ち着きを見せた彼女は「お忙しい中、ありがとうございました」と言って頭を下げ立ち上がります。すると「あっ」というような表情を見せ、思い出したようにバッグに手を入れました。「先生、これ、時々読み返してるんですよ！」取り出した手にあったのは「キリスト教概論」のノート。「読み返してる」との言葉が嘘でないことは、表紙のくたびれ具合を見れば分かります。テストが終われば不要になるであろうノートをバッグに忍ばせ、この悲しみの日に私に見せに来てくれました。なぜでしょうか。その理由を探るように、ぱらぱらとノート

をめくる彼女の泣きはらした目を見つめます。

　その目から「辞めるのは、もう少し、先でもいいかもしれないね」と言われている気がしました。立ち去る彼女の後姿を見ながら「ひょっとしたら、もうちょっとだけ、続けられるかもしれない」と思いました。

　苦しい時、誰かが助けに来てくれる、いや来てほしいと願います。しかし、実際は逆なのかもしれません。苦しい時あなたを来訪するのは、あなたが「助けるべき人」、あなたが「支えた人」なのです。そして理由はどうあれ、どうにかしてその人たちを助けたいとのエネルギーが、逆に自分自身を立ち直らせていたと知らされます。私たちは、誰かを助けることで自分が助けられるという、ややこしい生き物なのです。

　「善いサマリア人」はひょっとしたら、もう○○をあきらめ、「○○を辞める旅」に向かっていたかもしれません。ところが目の前に死にかかった人が倒れているじゃないですか、考える間もなく助けます。あたふたと負傷者を宿屋に預けひと段落、サマリア人は当初の目的である「○○を辞める旅」に戻ろうとします。しかし何ということでしょう。気が付けば辞めたい気持ちは消え失せ、もう少し○○を続けられる、いや続けたい気分です！

　クレオパだって何もかも投げ出そうとしていました。ところがそこに謎の旅人が同行します。「この人面白いなあ、こんな暗い気持ちの自分も笑わせてくれるんだから悪い人じゃないんだろうなあ、ただ『復活』がどうのこうの言い出して、

見るからに怪しいし、きっと泊まるところがないんだろうなあ」と感じたかどうか分かりませんが、クレオパは旅人を親切に食事に招きます（創世記18章3節、19章2節、ヘブライ13章2節参照）。人助けですね。けれど助けられたのはクレオパでした。彼はこの救いの体験を次の言葉で表します。「私たちの心は燃えていたではないか」（ルカ24章32節）。旅人を助けることによって、絶望を焼き尽くす聖なる炎が、彼の魂に飛び火したのです（そしてそれは2000年間飛び火しています）。

あなたの「辞めたい」気持ち、それは誰よりも分かるつもりです。ただその前に、もう1日だけ、周囲を見渡してください。あなたのもとに最近「Yさん」は来なかったでしょうか。「卒業生」からのメールを見落としていませんでしたか。目の前に、倒れている人はいませんでしたか。そして「辞めよう」と心に決めて歩いていたら、旅人が通りで声をかけてこなかったでしょうか。その人たちをサポートしてからでも、「辞める」決断は遅くないと思いますがどうでしょう。

祭司性と預言者性

ある信徒からこう言われたことがあります。「先生は、教会にいてくれるだけでいいんですよ」。それは「あれができない、これができない、人々のニーズにこたえきれていない」と苦しんでいる牧師への慰めの言葉でした。たとえ良い説教ができなくても、伝道が思い通りに進展しなくても、毎週の礼拝を規則正しくつかさどり、行けばそこに牧師がいて迎えてくれる、あなたがいる、そのことが尊いのですよ、と

いうことでしょう。

これは牧師の「祭司」としての働きを説明しています。聖礼典、葬儀、結婚式、牧会さらに役員会、総会、各種委員会、教区、教団とのかかわりまで含む日常の務めです。牧師が祭司としての働きをつつがなく行ってくれることは、信徒に大きな安心を与えるものです。しかもそれらの仕事は説教と比較してスランプ、出来不出来があまり目立たず、「安定」して行えます。学校で働くチャプレンにとっては日々の礼拝、イースターやクリスマスの諸行事の慌ただしい運営などがこれに該当するでしょう。ただこれらの仕事は、限られた時間をどんどん奪っていきます。つまり注意を怠ると伝道者は「祭司」職に忙殺されていくのです。そしてその忙殺された生活をもって、いちおう伝道者としての責任は果たしていると誤解してしまいます。

ここでお聞きしますが、あなたはこの「祭司」に憧れて伝道者になったのでしょうか。少なくとも私の周りにそんな人はいませんでした。多くの伝道者は「祭司」ではなく「預言者」に心打たれ、引き付けられ、伝道者の道を選びました。

私たちは自分「について良いことは預言せず、悪いことばかりを預言する」（列王記上22章8節）人が嫌いです。「あなたの判断は間違っていない、正しい」と語ってくれる人が好きですし、そこに安住します。それに対しモーセ、イザヤ、エレミヤ、イエス、パウロといった神の言葉を預かった人たちは戦いを挑みます。その行いは祭司性の対極にあり、その口

からは非日常、破壊、不安定、まさに「剣をもたらす」（マタイ10章34節）言葉が語られます。伝道者の中にはこの荒々しいライオン（イザヤ書11章6節参照）が住んでいます。ライオン（預言者性）と小羊（祭司性）が伝道者の中に共存しているはずです。

現実路線ともいえる祭司性だけの歩みを選ぶなら、私たちは状況に振り回され、日々の仕事で忙殺される小羊となり、召命感すら怪しくなります。逆に理想主義ともいえる預言者性だけに固執すれば破壊を繰り返し、孤立し、燃え尽きてしまうライオンとなるでしょう。弱さと強さ、小羊とライオンの共生、統合を探りたいところです。

預言者の条件

1999年に私が赴任した梅ヶ丘教会の前任は植松英二牧師（1929〜99）でした。その引継ぎでのこと、牧師館に招かれてコーヒーを飲みながら、植松牧師は穏やかに言いました。

「いつまでも（この教会にいたいだけ）いてください」

張り詰めていた私はその言葉にホッとしました。でもその後、彼はニヤリと笑いながらくぎを刺しました。

「でも、説教ができなくなったら辞めてくださいね」

牧師が辞める時、それは説教ができなくなった時です。祭

司性ではなく、預言者性を失った時なのです[2]。

　　のちのヘブライ人予言者の多くがそうであるよう
　に、彼〔モーセ〕は予言者になるのを欲しない。（さ
　らにわれわれは、予言者になりたがる人は予言者では
　ないとつけ加えることができよう）［……］この理由は
　解するに難くない。予言者は自己の見たまぼろしを
　語るという内的必然性にかられてのみ語るのである。
　しかも、そのときにのみ彼のまぼろしと声とは信頼
　される。けれども、もし彼が指導者とか救世主とか
　になりたいという自己陶酔的な願望からことを行っ
　ているとすれば、彼のつたえることばはうたがわし

※ 予言者には「ママ」の注記あり

2　説教は預言者性にだけ従属するものではない、祭司性に立脚した説
　教もあるとの反論もあろう。例えば結婚式や葬儀の説教がそれにあ
　たるかもしれない。しかしそれらもその土台に預言者性がなければ
　空疎なものにならないか。キング牧師は「もし教会がその預言者的
　情熱を取り戻さないならば、それは道徳的ないし霊的権威を失った
　不適切な社交クラブに成り下がってしまうであろう」（M・L・キン
　グ『真夜中に戸を叩く　キング牧師説教集』梶原寿訳、日本キリス
　ト教団出版局、2007年、108頁）と語る。一時期ホテルでの結婚式の
　司式アルバイトを続けたことがあった。ホテル側からはしきりにキ
　リスト教的体裁だけを求められ、説教時間は削りに削られ、「預言」
　を語ることなどできなかった。「不適切な社交クラブ」にすらなりえ
　ない、空しい働きだったことは否めない。

く、その声は正直さを欠くであろう[3]。

　「説教ができなくなったら辞めてくださいね」、それは語らないわけにはいかない「内的必然性」がなくなったらお辞めください、ということです。「指導者」になりたい、「救世主」になりたいとの願望で説教壇に立つようになったら牧師は終わりですよ、ということでしょう[4]。

3　E・フロム『ユダヤ教の人間観　旧約聖書を読む』飯坂良明訳、河出書房新社、1996年、126〜127頁。
4　自ら牧会する教会でキングは説教する。「私を牧師職に招いたのは、このエベネザー・バプテスト教会のいかなる会員でもない。たしかにあなたがたが、私をこのエベネザー教会に招聘してくれた。だからあなたがたは私をここから解雇することはできる。だがあなたがたは私を牧師職から解雇することはできない。なぜなら私は私のガイドラインと油注ぎ（聖別）を、全能なる神から受けているからである。だから私は言いたいことを〈何でも〉、この説教壇から言おうと思う。その発言はある人を傷つけるかも知れない。私には分からない。その発言に同意しない人がいるかも知れない。だが神が語るときに、だれが預言しないでいられようか。神の言葉が、私の骨の中に閉じ込められた火のように燃えているのだ」（会衆からのレスポンスは省略。キング『真夜中に戸を叩く』、148〜149頁）。人は教会から招聘されて牧師になるのではなく、預言を受けて牧師となる。「内的必然性」こそが人に言葉を与えうる。いずれにしても公民権運動のリーダーとして注目されるキングであるが、それ以前に卓越した説教者であったことは繰り返し強調しておきたい。

パッション

語らないわけにはいかない「内的必然」、それをここでパッションと呼びます。

パッション（passion）とは面白い言葉で、激しい恋愛愛情と同時に苦難、イエスの十字架をも指す言葉です。なぜ、恋愛と十字架が一つの言葉で表されるのでしょうか。以下の共通点が二つをつなげていると思います。

①どちらも受け身

受験や就職などは、ある程度個人の努力や判断で決められるところがあります。しかしどんなに努力したところで、恋が成就するとは限りません。恋に落ちたものは相手の出方にいつも振り回され、主導権を握れません。惚れたものの弱みです。

苦難、十字架も同じ。自分でコントロールできるものを苦難とは呼びません。並外れた努力、綿密な計画も十字架の前では吹き飛びます。愚かしくも振り回され、ただ待つことしかできない受動性の中に苦難の本質があります。

②どちらも外から

激しい恋は、内省し、内から徐々に湧き上がるものではありません。突然、外から取り付いて人を虜にします。同じように苦しみも外からやってきて、私たちの生活を一瞬で支配します。十字架は、自分で設計して作れません。誰かが作り、

私に否応なく持たせる異物です。

③どちらも展望を喪失

　恋は、未来の展望を変質させます。スリル満点ですが、数えきれない不安が押し寄せます。この人が好きだ、だけで未来を乗り越えられるのでしょうか。でもこの人なしに、私の未来はあるのでしょうか。

　苦しみも展望を喪失させます。パウロは語ります。「私は霊に促されてエルサレムに行きます。そこでどんなことがこの身に起こるか、何も分かりません」（使徒20章22節）。確実に分かるのは、苦しみがあるということだけ。それ以外は何も分からない展望の喪失者、それが伝道者です。

　そうなりますとパッションに生きるとは、解き放たれて生きるというよりは囚われの状態で生きる、ということになりはしないでしょうか。愛する神に振り回され（説教に）悩まされることを引き受けて歩むということです。パウロは自己紹介でこう言っています。「キリスト・イエスの囚人となっている、この私パウロ」（フィレモン9）。

　デスク上に仕事関係のあれこれが積み重なって山のようになっています。その山は気がつけば雪崩を打って机上から消え失せ「あれこれ」は床に散らばります。書類かゴミか分からない紙束を腰を曲げてかき集め、「なんて自分は要領が悪いんだろう」と泣きたくもなります。でも泣きたいのに、投げ出したいのに、それでも体の中にパッションの火がチロチ

ロとまだ燃えているなら、あなたは伝道者です。恋は自分の意志で始めたり終わらせたりできないことを、経験者なら知っています。イエスへの信仰も同じ。どうせパッションを捨てたり拾ったり自由にできないのなら、その火がある限り、語るしかないでしょう。

　あなたも私もその火を消せないからこそ、毎週毎週「死にかけているようでいて、こうして生きており、懲らしめを受けているようでいて、殺されず、悲しんでいるようでいて、常に喜び、貧しいようでいて、多くの人を富ませ、何も持たないようでいて、すべてのものを所有しています」（Ⅱコリント6章9〜10節）。

　そうです。だから悪夢にうなされても日々の生活を立て直し、緊張しても「自分自身であること」にこだわり、アドボケーターとしてあの人の手紙をいつまでも大切にし、賞賛、ダメ出し、「眠れる信徒」にも負けず、さっさと立ち去る聴衆の後姿を祝福し、愚痴を物語に変え、不条理を抱きしめ、気の毒な人がいたら「一緒にお泊まりください」と誘うのです。

　そんな人生に、とこしえに、祝福が、いっぱいあるように。

《説教》チョウジさんを覚えて

　　友のために自分の命を捨てること、これ以上に大
　きな愛はない。(ヨハネ15章13節)

　中国からの留学生として法学部に入学したチョウジ (張弛)
さんは、昨年前期、私の「キリスト教概論Ⅰ」のクラスを受
講しました。そして後期、私の担当するフレッシャーズセミ
ナー（１年生のみが受講する少人数クラス）も受講されました。
　みんなから「チョウ」と親しく呼ばれていました。ここで
もチョウ、と呼ばせていただきます。彼はフレッシャーズセ
ミナーではよく遅刻していました。しかしいつも悪びれるこ
となく堂々と教室に入ってきました。それでいて誰よりも真
剣に私の話を聞いてくれました。落ち込んだ時は「北京ダッ
クを食べると元気が出る！」と発言しみんなを笑わせました。
一見、とっつきにくい雰囲気ですが、ひとたび話せば彼のあ
たたかさは誰にでも分かりました。この日本でいろんなこと
に挑戦したい、そんな気持ちが全身から溢れていました。コ
ロナで閉塞感の漂う小さな教室に、彼は中国の風を、大陸の
空気を入れてくれました。

そんな彼の一面が良く分かるエッセイが、オンライン上のレポート提出フォルダに残されていました。

　「立ち上がる」という題で書いてもらったエッセイです。彼はそのエッセイの中で、まず次のような内容を述べます。

　「立ち上がる、それはこの世界に失望している人には難しい。その人はもう、立ち上がる意味も必要も感じないだろう。その場合、他人の力、すなわちその人を立ち上がらせようとする他人の手が必要なのだ」

　そしてあるエピソードを記します。彼はアルバイト先で、先輩に「猫は好きですか」と聞いたそうです。すると先輩は答えました。「嫌いだ。なぜなら昔2匹飼っていたが、1匹は死んだ。悲しかった。この悲しみを避けるために、もう1匹も他人に預けたのだ」。先輩は落ち込んだまま、立ち上がるのをやめていたようです。ここからはレポートをそのまま読みます。日本語を勉強中で少し表現が分かりにくいところがあります。けれど、そこにも彼らしさがあるのでほぼ原文で読みます。

　　　先輩の話を聞き、私は二匹の猫を飼っているから非常に共感した。その答えを聞く瞬間、涙が出た。「その時期はきっと辛いでしょう、分かります。うちの子もいつかその時期に至ると私の心にも死ぬほど痛いのは間違いありません」「だけど、今うちの子は生き生きしている。その間に遊びに来てもらえないですか」と誘った。もし先輩が猫の生き生きし

た姿を見たら昔の自分のたのしい思い出を考えるか
もしれない。

　猫が嫌いだ、と言われたら、ああそうですか、では猫の話
題を避けましょう、と私なら考えます。しかし、チョウは違
いました。その話を聞き、涙を流し、家の2匹の猫を見に来
てくれませんか。そう先輩を誘ったのです。
　そんなチョウが今年の3月24日、川に流された友人を助け
ようとして、自ら川に飛び込みました。友人はその後助かり
ましたが、チョウは溺れて亡くなりました。
　一報を聞いて、嘘だ、嘘であってほしいと思いました。彼
のはにかむような笑顔が浮かび、低い声が耳に聞こえます。
しかし同時に心の片隅でこうも思っていました。チョウなら
やりかねない。
　「ばかじゃないか、お前は」、最初に口から出た言葉でした。
しかし心の中で別の言葉が響いていました。チョウ、君は正
しかった。

　私には、二つの後悔があります。
　フレッシャーズセミナーでは困った人がいたら助けよう、
ということをテーマにしていました。「善いサマリア人」の
たとえを使い、助けを求める人がいたら一歩踏み出そう、と
繰り返し確認し、文集まで作りました。チョウはそれを実践
しました。それでよかったのでしょうか。皆さんはどう思わ
れますか。答えが出ないまま今日を迎えました。

またフレッシャーズセミナーが終わり、試験期間の頃でしょうか、チョウがキャンパス中央にあるロータリーと8号館の間を通りながら、図書館に向かっていました。歩き方ですぐ分かりました。見かけた私は「チョウ！」と声を掛けました。しかし、彼は気づきません。もう一度大きな声で呼ぼうと思いましたが、やめました。あの時もう一度、大きな声を掛けたら。最後に少しでも話せたかもしれない。ひょっとしたら、それで人生の歯車が1ミリずれて、こんな結果には至らなかったかもしれない。

　聖書は語ります。「友のために自分の命を捨てること、これ以上に大きな愛はない」。私はこの言葉を通し、皆さんもチョウさんに倣って、友のために命を捨てましょう、などとは決して言いません。皆さん、注意してください、この言葉を使って死ぬことを促すような人に限って、自ら死ぬ気はありませんから。これは目標、模範となる言葉ではありません。これは、この世界にこのような現実が、愛がある、との洞察を与える言葉です。

　花を見てください。花は美しい。しかし私たちは花にはなれない。花が目標でもない。しかしどんなつらい日常の中でも、花は美しく咲く。そして私たちを慰める。闇の中に光をともします。

　同じように、これは美しい言葉ですが目標ではない。しかし、どんなに闇が迫る時代でもこの言葉は死なない。そして今日も私たちを慰める。チョウが走りぬいた24年の人生を

思い出させてくれる。私たちはいろんなものを優先順位の一位に持ってくる。健康、お金、偏差値、学歴、就活。けれどこの言葉は教えてくれる。最も大切なものは愛です、と。

　今も、小さな教室で授業をやっていると、チョウが遅刻して、いきなりドアを開けてやってくる気がします。しかし彼はもういない。天国です。天国には遅刻せず、だれよりも早く行ってしまいました。

　最後になりますが、本日はるばる中国からこの礼拝にいらしたご両親に感謝します。お父さまお母さまの深い悲しみ、嘆き、痛みと私たち青山学院はこれからも共にいます。私はチョウさんと1年間ご一緒に学べたことを、誇りに思っております。

　祈り
　天の神さま。2000年前、友のために命を捨て、3日後に復活し、そして天に昇られたイエス・キリストのもとに、チョウジさんを送りました。イエスさまが彼の生涯を最も理解し、抱きしめ、慰めと平安を与えていることを信じます。しかし突然の別れの中で嘆き悲しむ家族、友人のことも神さま、忘れないでください。地上に生きる私たちに、天から慰めを送ってください。残された私たち一人ひとりが、チョウジさんの愛の行いを胸に携え、生きていけますよう育んでください。
　　　　（2023年5月22日　青山学院大学　ガウチャー記念礼拝堂）

《黙想》ボールを追いかけて

（ヨハネ13章7節の黙想）

　神の与える出来事は、いつだって解けない宿題だ。でも今は解けなくても、「後で、分かるようになる」、後で解けるとイエスは言う。けれど私は今、分かりたい。そうでなければ苦しい。前に進めない。

　「チョウジさんを覚えて」の大学礼拝にはご両親、多くの中国の友人たちが参列した。礼拝後にはその勇敢な行為に対し学生表彰も行われた。チョウの友人の一人は「私が代わりに死ねばよかった」と大きな体を震わせ泣いていた。礼拝堂を出ると快晴だ。肩を落としたご両親の上に、抜けるような初夏の青空。

　一区切りした。大学は日常を取り戻す。しかしおそらく関係者一同、誰も納得はしていない。チョウの死が、なぜ今なのか、今、教えてほしい。

　私はイエスを喪った弟子たち、それに続く初代教会の人々の嘆きと混乱を想う。友のために命を捨てて消えたイエス。確かに復活はしたけれど、昇天によって再び姿を消す。なぜ

今？　なぜ彼が？　振り返り、悔やみ、弟子たちも前に進めずにいたことだろう。

そこにイエスの声が思い起こされる。

「私のしていることは、今あなたには分からないが、後で、分かるようになる」（ヨハネ13章7節）

後で分かる？　ではいつ分かる？

イエスの答え。

「言っておきたいことはまだたくさんあるが、あなたがたは今はそれに堪えられない。しかし、その方、すなわち真理の霊が来ると、あなたがたをあらゆる真理に導いてくれる」（ヨハネ16章12〜13節）

真理の霊、聖霊がくだると分かるらしい。

教会は、このみ言葉によって、そのまなざしを過去から未来へと向ける。この信仰と決断によって歩みを再開する。それがペンテコステの出来事ではなかったか。それは「何かが分かる」日ではなく「いつか分かる日が来る」と確認する祝祭。最もふさわしい日に、神さまの導きが分かるから、その日まで支え合って日々を乗り切ろう、と励まし合う共同体（教会）の誕生日。確かにその日、集団的な神秘体験は起こったことだろう（使徒2章）。しかしそれだけで持続的、普遍的な共同体は成立しえない。なぜなら神秘体験を持たない、共有できない多様性を持つ継承者が続々と出てくるからだ。むしろ「いつか分かる日が来る」との信仰、すなわち「望んでいる事柄を確信」（ヘブライ11章1節、新共同訳）して、弟子たちはイエスとの別れを乗り切った。そして別れを通し、前

進したと想像する。

　先日、心身疲れてがっくりとうなだれた時、自分の足を見つめていた、と言うよりも自然と目が足に注がれていた。そこで気づく。イエスの弟子たちも別離の悲しみに打ちひしがれ、思わず足を見つめたのではないか。

　足、それは極めて福音的な体の一部。だってそれはイエスが洗ってくれた「足」。足を通してイエスの笑顔、手ぬぐい、汚れた水を思い出す。イエスは私たちが最も疲れた時に視線を落とすであろう場所に、貴い思い出を仕込まれた。その足を見つめると、イエスの手の感触がよみがえる。あの語り掛けが再び響く。

　「私のしていることは、今あなたには分からないが、後で、分かるようになる」

　かけがえのない思い出の品を大切な場所に置くように、イエスは忘れてはいけないメッセージを私たちの足に刻まれた。

　礼拝ののち、セミナーを共に受講していた学生が「チョウ君はあの授業でたくさん友達ができてうれしいと言っていました。彼の大学生活は1年でしたが、本当に満ち足りたものだったと信じます」との内容の手紙をくれた。またチョウを直接知らない学生が提出した課題（礼拝レポート）に、次のようなコメントを見つけた。本人の許諾を取り、ここに原文のまま記す。

塩谷先生は説教のなかで後悔があると仰っていて、困っている人がいたら一歩踏み出して助けようと繰り返し教えたことについて、それで良かったのかと考えていると仰っていた。私はこれについて、先生が善きサマリア人の例えを使い講義をしたことを後悔してはいけないと思う。チョウさんはきっと、自分のした行いに誇りを持っていると思うから、先生が後悔することはチョウさんを悲しませてしまうと思う。チョウさんはきっと、これからもこの説教を聞いた皆の記憶のなかで生き続けることだろうと思う。（法学部1年生）

　語ることによってその人が生き続けると学生は言う（そうだ、それは他でもない、イエスの弟子たちが2000年間続けてきたことだ。今も世界中でイエスが語られる。復活の主は自動的に臨在するのではない。伝道者が勇気をもって語る言葉、説教によって今日も生きていると証しする方なのだ）。学生たちは投げられたボール、ヨハネ13章7節を追いかけ、新しい景色を見るよう、臆病な私に手招きしている。
　でもなぜ、分かるために時間が必要なのだろうか？
　他でもない、「わかる」とは、「かわる」ことなのだ。変わるためには、時が必要だ。「今はそれに堪えられない」けれど、その真実の重みに持ちこたえられる程にしなやかに変わることができて、ようやく「わかる」のだろう。

「わかる」ために「かわる」。

　そして変わるためには、（私ではなく神が設定する）時の流れが強いられる。

　イエスの言葉のボールが投げられた。見失うほど遠いところに。そのボールを追いかけ、私も学生も様々な景色を見せられている。私たちはこの後、チコのように目を輝かせて再び走り始められるだろうか。

きみを追いかけていたら遠くに来ちゃったなあ

終わりに

　　最も個人的なことが最も普遍的な意味を持ち、最
　も深く隠れていることがごく一般的なことであり、
　全く個人的であることが最も社会的である[1]

　　　　　　　　　　　　　　　　　　（ヘンリ・ナウエン）

　本書に登場する左近淑、鈴木正久、深谷修、榎本保郎の亡
くなった年齢をすでに自分が越えていることに書きながら気
づきます。4人とも50代、伝道の途上で斃れました。きっと
彼らも60代で語り、残したいこと、手渡したいバトンを考
えていたことでしょう。
　故人一人ひとりのアドボケーターを目指したわけではあり
ません。ただ彼らのまなざしは意識しながら、「個人的なこ
と」をつづろうとしました。

1　ヘンリ・J・M・ナウエン『今日のパン、明日の糧　暮らしにいの
　ちを吹きこむ366のことば』嶋本操監修、河田正雄訳、酒井陽介解説、
　日本キリスト教団出版局、2019年、80頁。

掘り返した球根には泥がこびりついています。同じように掘り起こされた思い出には、苦い記憶がまとわりついています。それらが瞬時によみがえり、立ち止まり、筆がなかなか進みませんでした。一方、30年以上伝道という「神の恵み」（Ⅰコリント15章10節）を無償で受けた者として、書き残す責務も感じていました。結局それが、私の背中を押します。「言いたくもない、書きたくもない、語りたくもない、聞きたくもない、見たくもない、ことなど多々ありますが、神の真実の前にはそれを無にはできません[2]」。今までは書きたいから書いてきましたが、今回は「書く！」と自分に言い聞かせ「ところどころかなり思い切って書きました」（ローマ15章15節）。かつて先輩たちの「涙」（詩編126編5節）から私が学んだように、今度は私の「破れ」（イザヤ書58章12節）から若い伝道者が学んでほしい。その祈りが、還暦を過ぎて小さな形になりました。

　目の硝子体手術・入院もはさんで、視力の定まらない日々での執筆でした。用語の不統一、文字の見落とし、引用の写し間違いなどが繰り返され、編集の白田浩一さんを煩わせたことでしょう。彼の的確な俯瞰、ぶれない意思、篤い祈りがなければ、とてもではないが完成する本ではありませんでし

2　ふかやおさむ『ことのはなり　うたとなれ』私家版、1994年。

た。心から、ありがとうございます。また装丁を快く引き受けてくださったラカー亜耶さんにも御礼申し上げます。アートを通して神の愛を伝えようとする彼女のパッションが、本書を更に遠くに届けてくれると信じています。

　学生時代、古屋安雄牧師（1926〜2018）が投げたボールを追いかける途上で、近藤勝彦牧師を発見、今度は近藤牧師の投げるボールを追いかけたら神学校に入っていました。松永希久夫牧師（1933〜2005）に叱られ、北野寛牧師（1924〜2020）に励まされここまで来ました。育ててくださった伝道者の皆様、ほとんど「ボール」を持って帰ることもなく、一人で生きてきたような顔をしていましてごめんなさい。でも、おかげで目はまだキラキラしているつもりです。

2024年6月　塩谷直也

初出一覧

以下に加筆修正を加え収録しました。これ以外は書き下ろしです。

本物なら必ず伝わる、のか？　キャンパスでの伝道
　　『信徒の友』2013 年 10 月号、日本キリスト教団出版局、20
　　～ 23 頁。

ハジマリはいつも子ども　CS が安心できる場所になるために
　　『教師の友』2018 年 1,2,3 月号、日本キリスト教団出版局、2
　　～ 5 頁。

「逃れる道をも備え」る教育
　　原敬子、角田佑一編著『「若者」と歩む教会の希望　次世代
　　に福音を伝えるために　2018 年上智大学神学部夏期神学講
　　習会講演集』日本キリスト教団出版局、2019 年、98 ～ 119 頁。

糸電話のごとく
　　『青山学報　275』青山学院本部広報部、2021 年、10 ～ 11 頁。

コロナ後の説教の作り方
　　紀要『キリスト教と文化（38）』青山学院大学宗教主任研究
　　叢書、2023 年、107 ～ 114 頁。

《説教》チョウジさんを覚えて
　　2023 年 5 月 22 日、青山学院大学ガウチャー記念礼拝堂での
　　説教。

しおたになおや
塩谷直也

青山学院大学法学部教授、宗教主任。
1963 年宮崎市生まれ。幼少期は父親が会員であったカトリック宮崎教会に出席、進学した国際基督教大学（ICU）にてプロテスタント信仰に触れ、1986 年 ICU 教会（エキュメニカル）にて受洗（司式：古屋安雄）。卒業後、東京神学大学 3 年次編入、出席教会は高井戸教会（長老派）に。同大学院修士課程修了後、1992 年より名古屋の中京教会（メソジスト）に籍を置き、知立伝道所設立に携わる。並行して金城学院中学校非常勤講師。1999 年東京の梅ヶ丘教会（ホーリネス）に赴任。2008 年より現職。
※（　）内の教派名は、教会設立時の信仰の源流を示すものであり、現在の信仰的立場を必ずしも表すものではありません。

著書

『迷っているけど着くはずだ』（新教出版社）、『忘れ物のぬくもり　聖書に学ぶ日々』（女子パウロ会）、『うさおとあるく教会史』『使徒信条ワークブック』『信仰生活の手引き　聖書』『視点を変えて見てみれば19 歳からのキリスト教』（以上、日本キリスト教団出版局）、『なんか気分が晴れる言葉をください　聖書が教えてくれる 50 の生きる知恵』『ひとりぼっちのオルガン』『にゃんこバイブル　猫から学ぶ聖書のことば』（以上、保育社）

月曜日の復活　「説教」終えて日が暮れて

2024 年 6 月 20 日　初版発行　　　　　　　© 塩谷直也　2024

著　者　塩　谷　直　也
発　行　日本キリスト教団出版局
169-0051　東京都新宿区西早稲田 2 丁目 3 の 18
電話・営業 03（3204）0422、編集 03（3204）0424
https://bp-uccj.jp

印刷・製本　三秀舎

ISBN 978-4-8184-1167-8　C0016　日キ販　Printed in Japan

日本キリスト教団出版局の本

視点を変えて見てみれば　19歳からのキリスト教
塩谷直也 著　（四六判 120 頁／ 1200 円）

信仰生活の手引き　聖書
塩谷直也 著　（四六判 160 頁／ 1300 円）

大学の祈り　見えないものに目を注ぎ
青山学院大学宗教主任会 編著　（四六判 128 頁／ 1200 円）

今日と明日をつなぐもの　SDGs と聖書のメッセージ
青山学院宗教主任会 編著　（四六判 128 頁／ 1300 円）

説教ワークブック　豊かな説教のための 15 講
トマス・H・トロウガー 、レオノラ・タブス・ティスデール 著、
吉村和雄 訳　（A5 判 200 頁／ 3000 円）

説教黙想アレテイア叢書　三要文深読 十戒・主の祈り
日本キリスト教団出版局 編　（A5 判 208 頁／ 2400 円）

説教黙想アレテイア叢書　三要文深読 使徒信条
日本キリスト教団出版局 編　（A5 判 216 頁／ 2400 円）

価格は本体価格です。重版の際に定価が変わることがあります。